抖音电商
从入门到精通

陈威 ◎ 著

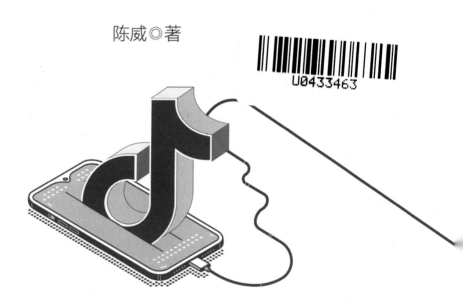

北京大学出版社
PEKING UNIVERSITY PRESS

内容提要

本书作者结合多年电商与短视频运营经验，总结了以抖音为主的短视频电商引流、推广和变现的技巧，通过抖音电商基础知识、内容打造、运营推广、卖货变现 4 大版块，为读者详细解读了抖音电商开店与运营的基本技巧和方法。

本书内容全面、丰富、实用，共分为 12 章。第 1 章讲解了抖音电商基础知识，以及开店方法；第 2 章讲解了如何创建抖音账号，以及抖音账号的定位和养号；第 3 章讲解了短视频内容策划；第 4 章讲解了短视频的拍摄方法和技巧；第 5 章讲解了短视频后期编辑软件的使用方法与操作技巧；第 6 章讲解了抖音的流量算法机制，以及抖音引流的常用方法；第 7 章讲解了"DOU+"工具、抖音营销产品体系、抖音搜索、企业推广等抖音营销推广知识；第 8 章讲解了抖音直播卖货的方法和技巧；第 9 章讲解了商品橱窗、抖音小店及抖音小程序 3 款实用的抖音卖货功能；第 10 章讲解了抖音短视频带货的优势和方法；第 11 章讲解了抖音广告的投放及抖音广告变现的方法；第 12 章讲解了抖音电商的复盘。

本书非常适合期望通过抖音赚钱的创业者，同时也适合想为店铺或品牌寻找流量突破的商家。另外，本书中对抖音电商运营方法进行的深入剖析，也能够为电商运营者提供很好的经验借鉴。

图书在版编目(CIP)数据

抖音电商从入门到精通 / 陈威著. —北京：北京大学出版社，2022.2
ISBN 978-7-301-32790-6

Ⅰ.①抖⋯ Ⅱ.①陈⋯ Ⅲ.①电子商务–网络营销 Ⅳ.①F713.365.2

中国版本图书馆 CIP 数据核字(2021)第 274750 号

书　　名	抖音电商从入门到精通 DOUYIN DIANSHANG CONG RUMEN DAO JINGTONG
著作责任者	陈　威　著
责任编辑	张云静　刘沈君
标准书号	ISBN 978-7-301-32790-6
出版发行	北京大学出版社
地　　址	北京市海淀区成府路205号　100871
网　　址	http://www.pup.cn　新浪微博：@北京大学出版社
电子邮箱	编辑部 pup7@pup.cn　总编室 zpup@pup.cn
电　　话	邮购部 010-62752015　发行部 010-62750672　编辑部 010-62570390
印刷者	北京圣夫亚美印刷有限公司
经销者	新华书店
	880毫米×1230毫米　16开本　19.5印张　339千字 2022年2月第1版　2024年4月第3次印刷
印　　数	6001–8000册
定　　价	69.00元

未经许可，不得以任何方式复制或抄袭本书之部分或全部内容。

版权所有，侵权必究

举报电话：010-62752024　电子邮箱：fd@pup.cn
图书如有印装质量问题，请与出版部联系，电话：010-62756370

前言

随着 5G 时代的到来,移动互联网用户的触媒习惯将逐渐从图文转向短视频和直播,消费者将更习惯从短视频和直播中获取信息。新的内容形式带来了新的消费需求,推动了以抖音 App 为代表的各类内容平台成为新的电商运营的主阵地。

2021 年 1 月,抖音电商的商品交易总额(GMV)比去年同期增长了 50 倍,这条全新的线上零售赛道已经初具规模。与传统电商和线下购物等渠道相比,抖音电商通过推荐技术,把优质的商品内容与海量用户的兴趣连接起来,极大地激发了抖音用户消费的新体验与新需求,进而创造了全新的增量市场。

抖音作为当下最火热的短视频平台,具有庞大的流量基数,以及不可限量的电商变现潜力。都说哪里有流量,哪里就有生意。所以,红利之下,大批电商商家纷纷加入抖音电商的阵营,希望通过这种"边看边买"的方式,吸引更多的人购买商品,赚取更多的收益。但抖音电商不能只图一时热闹,抖音电商运营更不能一蹴而就,抖音电商运营者们不仅要掌握抖音电商的基础理论知识，而且要拥有实战的经验和技巧，才能在抖音电商的"流量战场"上取得绝对的胜利。

本书系统、全面地为广大读者讲解了抖音电商的基础知识和实用技能，对抖音开店、抖音账号的定位和打造、短视频的策划与制作、抖音短视频的引流和推广、抖音直播卖货、抖音短视频卖货、抖音广告变现等方面的知识——进行了深入讲解。本书通过这种理论与实践相结合的方式，尽可能地将抖音电商运营的核心内容展示给读者，希望读者能够通过阅读本书建立对抖音电商商业体系的认知，快速掌握抖音电商运营的实用技能。

由于编者能力有限，且短视频和电商行业均处于大变革时代，书中难免会有不足或不妥之处，敬请各位读者批评指正。

目 录

CONTENTS

第1章 抖音电商：电商行业的新贵 ········· 1

1.1 认识抖音电商 ········· 1
1.1.1 什么是抖音电商 ········· 1
1.1.2 抖音电商的特点 ········· 2
1.1.3 抖音电商的发展趋势 ········· 3

1.2 开通抖店 ········· 4
1.2.1 抖店的定位和特色 ········· 4
1.2.2 抖店的开店要求及入驻材料 ········· 5
1.2.3 抖店的开店流程 ········· 7

1.3 抖音开店的常用软件和硬件 ········· 11
1.3.1 抖音开店的常用软件 ········· 11
1.3.2 抖音开店的常用硬件 ········· 12

1.4 抖音电商团队的组建 ········· 17
1.4.1 团队配置和分工 ········· 17

    1.4.2 团队建设和管理 ····· 19

  1.5 答疑解惑 ····· 21

第 2 章 打造一个高流量的抖音账号 ····· 24

  2.1 账号定位 ····· 24
    2.1.1 四步精准定位账号 ····· 24
    2.1.2 做好账号人设 ····· 28

  2.2 创建账号 ····· 29
    2.2.1 注册账号 ····· 30
    2.2.2 认证账号 ····· 30
    2.2.3 修改名字 ····· 33
    2.2.4 修改头像 ····· 34
    2.2.5 编写简介 ····· 35

  2.3 抖音养号 ····· 37
    2.3.1 什么是抖音养号 ····· 37
    2.3.2 快速养号、提升账号权重的方法 ····· 38
    2.3.3 抖音账号权重基本算法 ····· 40

  2.4 答疑解惑 ····· 42

第 3 章 策划优质的短视频内容 ····· 45

  3.1 短视频的内容构成 ····· 45

3.2 短视频的热门内容类型 ········· 50
3.2.1 颜值圈粉类短视频 ········· 50
3.2.2 知识教学类短视频 ········· 51
3.2.3 幽默搞笑类短视频 ········· 52
3.2.4 商品展示类短视频 ········· 53
3.2.5 才艺技能类短视频 ········· 54
3.2.6 评论解说类短视频 ········· 57

3.3 快速传播、上热门的短视频内容的共同特征 ········· 58
3.3.1 产生共鸣 ········· 58
3.3.2 饱含正能量 ········· 59
3.3.3 紧跟热点话题 ········· 59
3.3.4 富有创意 ········· 60

3.4 短视频剧本和脚本的策划 ········· 61
3.4.1 剧本和脚本的区别 ········· 61
3.4.2 剧本和脚本的策划要点 ········· 62
3.4.3 剧本和脚本的构成要素 ········· 64

3.5 答疑解惑 ········· 65

第4章 拍摄短视频 ········· 72

4.1 短视频的拍摄基础 ········· 72
4.1.1 抖音短视频的拍摄流程 ········· 72
4.1.2 短视频构图的基本原则 ········· 76
4.1.3 短视频的拍摄要点 ········· 81

4.2 爆款短视频的拍摄技法·····85
4.2.1 短视频构图的常用方法·····85
4.2.2 6种常用的运镜技巧，让拍摄变得更精彩·····90
4.2.3 用手机拍摄高品质的短视频·····91

4.3 卖货短视频的拍摄·····93
4.3.1 卖货短视频的拍摄形式·····94
4.3.2 卖货短视频的拍摄技巧·····96
4.3.3 卖货短视频拍摄的注意事项·····101
4.3.4 不同类型商品短视频的拍摄要点·····103

4.4 答疑解惑·····109

第5章 制作短视频·····112

5.1 移动端短视频的后期制作软件·····112
5.1.1 剪映 App·····112
5.1.2 乐秀 App·····114
5.1.3 小影 App·····115
5.1.4 巧影 App·····116

5.2 PC端短视频的后期制作软件·····116
5.2.1 爱剪辑·····117
5.2.2 会声会影·····118
5.2.3 Adobe Premiere·····119

5.3 短视频后期制作的基础操作方法·····120
5.3.1 为短视频添加字幕·····120

- 5.3.2 为短视频配音 ·· 123
- 5.3.3 为短视频添加音乐 ···································· 124
- 5.3.4 为短视频添加滤镜 ···································· 126
- 5.3.5 调整视频比例 ·· 127

5.4 答疑解惑 ·· 129

第6章 吸引粉丝，快速引流 ································ 132

6.1 了解抖音内部推荐算法，轻松获取流量 ······················ 132
- 6.1.1 抖音的流量推荐算法机制 ······························ 132
- 6.1.2 影响抖音推荐算法机制的4大关键指标 ·················· 133
- 6.1.3 抖音推荐算法机制的特点 ······························ 139
- 6.1.4 作品进入热门流量池的3个阶段 ························ 141

6.2 抖音引流的常用方法 ·· 142
- 6.2.1 硬广告引流法 ·· 142
- 6.2.2 抖音矩阵引流 ·· 144
- 6.2.3 抖音评论区引流 ······································ 145
- 6.2.4 抖音热搜词引流 ······································ 147
- 6.2.5 原创视频引流 ·· 149
- 6.2.6 私信消息引流 ·· 150
- 6.2.7 抖音直播引流 ·· 151
- 6.2.8 抖音互推引流 ·· 151
- 6.2.9 跨平台引流 ·· 152
- 6.2.10 多闪App引流 ·· 153
- 6.2.11 线上引流 ·· 154
- 6.2.12 线下引流 ·· 157

6.3 把抖音粉丝转入微信，打造私域流量池·············158
 6.3.1 利用微信沉淀流量，最大化挖掘粉丝价值·············158
 6.3.2 抖音导流微信的常用方法·············159

6.4 答疑解惑·············164

第7章 抖音营销推广·············168

7.1 用"DOU+"工具将短视频推上热榜·············168
 7.1.1 投放"DOU+"的方法·············168
 7.1.2 如何实现"DOU+"投放效果最大化·············170
 7.1.3 "DOU+"投放无法过审的原因·············174

7.2 运用抖音产品体系进行营销推广·············176
 7.2.1 利用"话题挑战赛"引爆营销能量·············176
 7.2.2 利用抖音原创音乐共创热点传播·············177
 7.2.3 使用抖音"Link 计划"提升内容流量·············177
 7.2.4 使用抖音的互动功能进行营销推广·············179
 7.2.5 添加创意信息提高点击率和转化率·············183

7.3 抖音搜索·············186
 7.3.1 猜你想搜：搜索感兴趣的内容·············187
 7.3.2 抖音热榜：查看热点内容带来流量·············187
 7.3.3 直播榜：查看直播排名情况·············188
 7.3.4 音乐榜：查看音乐排名情况·············189
 7.3.5 品牌榜：查看同行排名情况·············191
 7.3.6 抖音短视频 SEO 优化技巧·············192

7.4 企业推广（抖音蓝V） ··················· 194

7.4.1 抖音"蓝V"概述 ··················· 194
7.4.2 申请"蓝V"企业号 ··················· 195
7.4.3 抖音"蓝V"主要功能详解 ··················· 197

7.5 答疑解惑 ··················· 204

第8章 直播卖货 ··················· 206

8.1 抖音直播的入口和开通方法 ··················· 206

8.1.1 抖音直播入口 ··················· 206
8.1.2 抖音直播的开通方法 ··················· 207

8.2 直播变现的主要方式 ··················· 208

8.2.1 直播卖货 ··················· 208
8.2.2 直播打赏 ··················· 210
8.2.3 粉丝运营 ··················· 211

8.3 带货主播应具备的技能 ··················· 212

8.3.1 专业技能 ··················· 212
8.3.2 语言表达技能 ··················· 213
8.3.3 场控应变技能 ··················· 214
8.3.4 熟悉平台规则 ··················· 214

8.4 直播间卖货 ··················· 215

8.4.1 直播间选品技巧 ··················· 216
8.4.2 直播间产品的管理 ··················· 218
8.4.3 打造产品转化率高的直播间 ··················· 219
8.4.4 产品讲解八部曲 ··················· 221

8.5 销量高的直播卖货技巧·············223
　　8.5.1 设置"一见钟情"的直播封面·············223
　　8.5.2 写出让粉丝"难舍难分"的直播标题·············226
　　8.5.3 选择直播标签，让粉丝更精准·············227
　　8.5.4 发布让销量翻倍的直播预告·············228
　　8.5.5 策划完美的"直播脚本"·············229

8.6 答疑解惑·············232

第9章 抖音卖货的实用功能·············235

9.1 商品橱窗·············235
　　9.1.1 认识商品橱窗·············235
　　9.1.2 开通商品橱窗·············237
　　9.1.3 商品橱窗的禁售类目·············239
　　9.1.4 管理商品橱窗的商品·············240

9.2 抖音小店运营·············244
　　9.2.1 加入精选联盟·············244
　　9.2.2 寻找电商达人合作·············246
　　9.2.3 参加平台活动·············246

9.3 抖音小程序·············248
　　9.3.1 认识抖音小程序·············248
　　9.3.2 抖音小程序的主要入口·············249
　　9.3.3 创建抖音小程序·············251

9.4 答疑解惑·············254

第10章 短视频带货 ································· 257

10.1 常见的短视频变现方法 ································· 257
10.1.1 平台变现 ································· 257
10.1.2 带货变现 ································· 258
10.1.3 广告变现 ································· 258
10.1.4 付费变现 ································· 259

10.2 抖音短视频带货 ································· 259
10.2.1 短视频带货的优势 ································· 260
10.2.2 短视频带货步骤 ································· 263

10.3 短视频带货的重点 ································· 267
10.3.1 短视频带货选品 ································· 267
10.3.2 短视频带货与商家的合作形式 ································· 268
10.3.3 评测类账号带货案例 ································· 269

10.4 答疑解惑 ································· 271

第11章 广告变现 ································· 274

11.1 抖音短视频广告 ································· 274
11.1.1 品牌广告 ································· 274
11.1.2 植入广告 ································· 275
11.1.3 弹窗广告 ································· 277
11.1.4 冠名广告 ································· 277

11.2 星图平台 ······ 278
11.2.1 认识星图平台 ······ 279
11.2.2 达人入驻星图平台 ······ 280
11.2.3 达人接广告变现路径 ······ 281

11.3 答疑解惑 ······ 283

第12章 复盘：总结过去，积累经验 ······ 286

12.1 为什么要复盘 ······ 286
12.1.1 复盘的作用 ······ 286
12.1.2 复盘的基本流程 ······ 287

12.2 抖商复盘的重要数据 ······ 288
12.2.1 重要的数据指标 ······ 288
12.2.2 如何查看数据指标 ······ 289
12.2.3 主播数据考核 ······ 290

12.3 抖商复盘的主要内容 ······ 292
12.3.1 带货商品分析 ······ 292
12.3.2 观众画像分析 ······ 293
12.3.3 流量来源分析 ······ 294
12.3.4 观众互动分析 ······ 295
12.3.5 直播复盘案例分析 ······ 295

12.4 答疑解惑 ······ 297

第 1 章
抖音电商：电商行业的新贵

近年来，短视频及直播行业的蓬勃发展，为不少线上、线下的商家提供了一种全新的商业模式，不少商家利用短视频带货或直播带货，打造出更利于消费者购物的新营销场景，从而实现商品销量的快速增长。基础用户数量庞大的抖音平台，凭借强大的流量优势，当仁不让地成为电商商家们引流、带货的最佳选择。

1.1 认识抖音电商

如今提起电商，大家必然会想到直播带货这类话题，因为视频内容的加持确实为电商商家们带来了可观的流量。抖音作为当今现象级的流量平台，也在积极布局自己的电商业务，希望能在视频内容电商领域开辟一片新天地。

1.1.1 什么是抖音电商

抖音电商，简单地说，就是利用抖音进行电商交易。抖音作为一款非常优秀的短视频软件，凭借其超高的日活跃用户量和超强的带货能力，成为内容电商的典型代表。

流量变现和建立良好的商业生态网络，其实并不是一件容易的事情，抖音选择直接连接变现的终点站——电商，形成了"短视频（直播）——电商——短视频"这条一体化的商业生态链，如图1-1所示。

图 1-1　抖音电商的商业生态链

在抖音发布的短视频中可以添加购物车，用户只需点击购物车即可进入相关购物平台或抖音小店进行购物，下单完成后，用户又可以直接返回抖音视频页面继续浏览视频，如图1-2所示。

图 1-2 抖音短视频中的购物链接

相较于传统电商，抖音获取流量的成本很低，却能更大限度地占有用户的碎片化时间。在淘宝流量获取越来越难、推广成本越来越高的今天，抖音自然而然成为除淘宝外最大的流量池。

1.1.2 抖音电商的特点

在"流量为王"的时代，抖音短视频平台拥有其他电商平台无可比拟的流量优势，所以它的商业价值也逐渐被越来越多的电商商家认可。很多电商商家纷纷从传统电商平台转战抖音平台，在抖音上利用短视频进行品牌推广、产品销售，以及直播带货，并取得了相当不错的成绩。那么，抖音电商到底具有哪些特点呢？

➤ 品牌传播能力强：短视频中不仅包含了文字、图片，还有语音和视频，使内容生动有趣，浸入生活的各个角落，能够将品牌场景化。因此用户更容易产生认同感，也更有利于品牌传播。

➤ 流量巨大：截至 2020 年 8 月，抖音的日活跃用户数高达 6 亿；截至 2020 年 12 月，抖音的日均视频搜索量达到了 4 亿。可见，抖音流量的基础体量巨大。

> 智能推送：抖音平台拥有强大的机器智能算法机制，能够根据用户画像实现个性化推送，这样的推送可以减少无效受众，从而达到更好的广告效果。

> 视频传播能力强：短视频内容新鲜有趣，贴近生活，很容易得到大众的自发传播。

> 用户转化率高：转化能力可以简单地理解为变现能力。抖音平台不仅拥有巨大的流量，变现能力也非常强。据统计，直播带货整体转化率为20%，与传统电商相比提升了好几倍。

除此之外，抖音电商还有一个非常明显的特质，就是"快"，快速地制造爆款，快速的产品换代，快速的资金周转，可以说抖音电商的秘诀就是"唯快不破"。

1.1.3 抖音电商的发展趋势

为了更好地借助自身平台的优势布局电商业务，字节跳动公司于2020年6月成立了电商一级业务部门，发布"抖音电商"品牌，并上线抖音官方电商入口——抖店。

抖店成为抖音官方经营的电商入口后，截至2021年1月，举办了"818奇妙好物节""11.11抖音宠粉节""抖音抢新年货节"等多场大型电商活动，都取得了非常不错的成绩，成交额更是屡破新高，如图1-3所示。

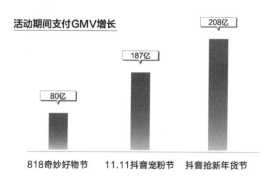

图1-3 抖音电商活动及成交额增长趋势

可以看到，通过组织大型电商活动，抖音平台的电商成交额增长速度惊人，说明抖音平台具有很大的电商发展潜力。随着抖音电商成为越来越多电商品牌和商家长期经营的阵地，一条全新的线上零售赛道已初具规模。

1.2 开通抖店

抖店是电商商家在抖音平台上实现一站式经营的平台,它能为商家提供全链路的电商服务,以帮助商家在抖音平台上实现长效经营、高效交易。下面我们就来看一下抖店的定位和开店的相关信息。

1.2.1 抖店的定位和特色

抖店成立的初衷在于给消费者分享优价好物,为商家提供多元电商服务。所以,抖店的定位和特色主要是一站式经营、多渠道拓展、双路径带货和开放式服务,如图1-4所示。

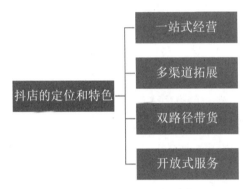

图1-4 抖店的定位和特色

(1)一站式经营

抖店为入驻抖音平台的商家提供了包含内容、数据、服务等全方位的抖店产品,帮助商家进行商品交易、店铺管理、客户服务等全链路的生意经营。

(2)多渠道拓展

开通抖店后,商家可以在抖音、今日头条、西瓜、抖音火山版等渠道进行商品分享,实现商品渠道快速互通及流量覆盖与变现。

(3)双路径带货

抖店上的商品销售模式分为商家自营和达人带货两种。商家自营,是指商家通过自营方式在抖音平台上销售商品,商家可以通过短视频、直播等方式来为自己的店铺带货。达人带货,是指商家申请加入精选联盟,邀请平台达人帮忙带货。

(4)开放式服务

抖店与第三方服务市场合作,在商品管理、订单管理、营销管理、客服等方面为商家提供全方位的服务,助力商家提升经营效率。

1.2.2 抖店的开店要求及入驻材料

抖店目前分为个体工商户入驻和企业入驻,不再接受个人商家入驻(已入驻的个人商家暂不受影响)。下面来看看具体的入驻要求和所需材料。

1. 入驻要求

目前,入驻抖音平台的商家已经不再需要拥有第三方平台的店铺,同时,对商家的抖音账号粉丝量也不再有限制。具体的入驻要求如下。

(1)入驻主体应为在中国大陆地区注册的个体工商户/企业。

(2)个体工商户/企业的经营范围及经营时间应在营业执照规定的经营范围及经营期限内。

(3)售卖商品需包含在招商类目范围内,且具备相关资质。

(4)商品必须符合法律及行业标准的质量要求。

(5)商家应如实提供相关资质和信息材料。

抖音平台上包含4种店铺类型:旗舰店、专卖店、专营店和普通店,见表1-1。其中,旗舰店、专卖店和专营店的申请主体必须为企业,普通店的申请主体可以是企业,也可以是个体工商户。商家可以根据自己的经营主体和品牌授权情况,选择不同的店铺类型。

表1-1 抖音平台上的4种店铺类型

店铺类型	申请主体	适用情况
旗舰店	企业	经营多个自有品牌或1个一级独占授权品牌
专卖店		只经营1个授权品牌
专营店		店铺内有1个类目下至少包含2个品牌(授权品牌或自有品牌均可),其他类目包含1个及以上品牌均可
普通店	企业或个体工商户	无须提供品牌资质

2. 入驻材料

确定了入驻抖音平台的主体身份和店铺类型后,商家还需要准备4项必备材料和 2 项可选材料，如图 1-5 所示。

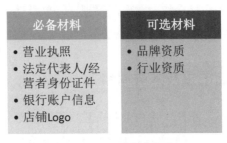

图 1-5　入驻材料清单

（1）必备材料

营业执照：商家需提供三证合一的营业执照，且确保当前时间距离营业执照有效期截止时间大于 3 个月。另外，商家提供的营业执照必须为实体店营业执照，抖音平台暂不支持无实体网店营业执照入驻。

> **提示**　无实体网店营业执照是指在营业执照"名称"处会注明"网店"或"淘宝店"的营业执照，同时该营业执照在"经营范围"处会注明"仅限于通过互联网从事经营活动"等字样。

法定代表人/经营者身份证件：企业需提供法定代表人身份证，个体工商户需提供经营者身份证。

银行账户信息：商家需提供银行账户名称、开户行和账号；企业需要提供开户主体与营业执照主体一致的对公账户信息或法人个人银行账户信息；个体工商户需提供经营者个人银行账户信息。

店铺 Logo：商家提供的店铺 Logo 不得含有隐私信息、广告语、二维码、网址或任何联系方式；不得侵权；不得涉及其他不良信息。

（2）可选材料

品牌资质：品牌分为自有品牌和非自有品牌。自有品牌入驻需提供由国家商标总局颁发的商标注册证（R 标）或商标注册申请受理通知书（TM 标）复印件。非自有品牌入驻需提供由国家商标总局颁发的商标注册证（R 标），以及授权关系文件/授权书（授权剩余有效期需大于 6 个月）。

> **提示**　如果商家选择的店铺类型为普通店铺，入驻时不需要提供品牌资质；入驻后可自行补充品牌资质信息，并修改店铺类型。

行业资质：除食品饮料、酒类、生鲜、母婴、农资绿植、教育音像、图书等类目需提供相关的行业资质外，其他类目入驻时无须提供行业资质。

> **提示**　电脑办公、手机、数码等类目，个体工商户经营需提供与开店主体一致的第三方店铺链接；企业经营，则无须提供。

1.2.3　抖店的开店流程

准备好入驻材料后，商家就可以前往抖店官网开通抖店了。抖店的入驻流程一共分为8个步骤，如图1-6所示。

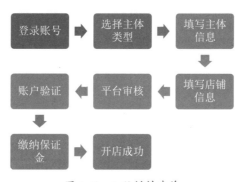

图1-6　入驻材料清单

（1）进入抖店官网，点击"登录"按钮，进入"登录"页面登录账号，如图1-7所示。建议使用手机号接收验证码进行登录。

图1-7　登录账号

（2）选择主体类型，点击"立即入驻"按钮，如图1-8所示。主体类型一旦选择，认证后无法修改，商家必须根据营业执照类型选择符合要求的主体类型。

图1-8 选择主体类型

（3）填写主体信息，包括营业证件信息、经营者/法定代表人信息，填写完成后点击"下一步"按钮，如图1-9所示。

图1-9 填写主体信息

（4）填写店铺信息，包括店铺基本信息、经营类目、管理人信息，填写完成后点击"提交审核"按钮，如图1-10所示。

图1-10　填写店铺信息

（5）平台审核，平台将在1~3个工作日内对商家提交的入驻资质进行审核。等待审核页如图1-11所示。

图1-11　平台审核

（6）平台审核通过后，会进入账户验证界面，填写验证信息，点击"验证"按钮。商家可以使用银行预留手机号实名验证，或者对公账户打款验证。这里展示对公账户打款验证的页面，如图1-12所示。

图1-12 账户验证

（7）店铺认证完成后进入抖店商家后台，这时只需缴纳保证金即可顺利开通店铺，点击"立即缴纳"按钮，如图1-13所示。

图1-13 缴纳保证金

（8）跳转至"资产—保证金"，点击"充值"，根据"应缴金额"进行充值即可完成开店流程，如图1-14所示。

图 1-14 开店成功

1.3 抖音开店的常用软件和硬件

"工欲善其事,必先利其器",商家入驻抖音后,无论是想进行短视频推广,还是直播带货,必然会使用一些软件和拍摄设备,来帮助自己更好地运营自己的抖音账号和抖店。那么,在抖音平台上卖货,到底会用到哪些工具呢?下面我们就来了解一下抖音开店的常用软件和硬件。

1.3.1 抖音开店的常用软件

在抖音上开店,除了会用到抖音 App 本身外,还会用到哪些软件呢?下面为大家整理了几个抖音开店的常用软件,其中包含店铺管理工具、视频剪辑工具、即时沟通工具及数据分析工具,见表 1-2。

表 1-2 抖音开店的常用软件

软件名称	作用说明
抖音	商家发布短视频作品,进行直播带货的主阵地
抖店	为商家提供的线上店铺管理平台,帮助商家进行各种店铺管理操作,以提升店铺经营管理效率
剪映	帮助商家进行短视频剪辑,优化短视频

续表

软件名称	作用说明
飞书	帮助商家与抖音官方建立联系，传递平台资讯
飞鸽IM	一款即时沟通工具，在抖音平台上客户主要通过该工具与商家进行联系，咨询商品或服务信息
巨量百应	一个内容电商综合服务平台，能够为开展商品分享的达人、机构服务商、商家提供各种与商品推广相关的运营指导和服务，包括完善达人短视频和直播带货链路、进行直播带货数据管理等

以上这些抖音开店的常用软件，几乎可以涵盖从店铺开通到成单发货的所有流程。下面为大家整理了一个表格，从中可以看到在抖店运营过程中哪些环节会用到上述这些软件，见表1-3。

表1-3 抖店运营过程中各环节会使用的软件列表

流程涉及软件	开通店铺	商品发布	营销设置	短视频发布	直播带货	浏览获取	成单发货
抖音			✔	✔	✔		
抖店	✔	✔	✔				✔
剪映				✔			
飞书	✔	✔	✔	✔	✔	✔	✔
飞鸽IM							✔
巨量百应					✔		

1.3.2 抖音开店的常用硬件

抖音作为一个短视频平台，需要用视频内容作为商品推广和宣传的媒介，所以，短视频的质量就尤为关键了。要想创作出高质量的短视频作品，首先需要选取正确的拍摄设备。好的拍摄器材往往可以呈现出更优质的视频画面，提高客户的购物体验。下面就为大家介绍一些常见的拍摄设备。

1. 智能手机

随着5G时代的到来，智能手机早已成为人们日常工作生活中的必备物品，它的拍摄功能也越来越强大了，所以，现在很多网络视频作品和网络直播都是完全依靠智能手机来完成的。

抖音上很多短视频作品都是通过智能手机自带的拍摄功能来进行拍摄的，而且短视频创作者还可以将拍摄完成的视频作品经过简单的剪辑后，直接分享到抖音平台，实时查看发布的动态，从而检验自己作品的效果。

智能手机作为常用的短视频拍摄和直播工具，其优势十分明显，具体体现为 3 点，如图 1-15 所示。

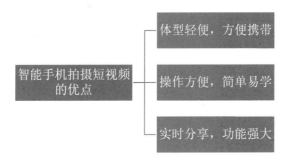

图 1-15　智能手机拍摄短视频的优点

2. 单反相机

近几年来，越来越多的短视频创作者选择使用单反相机来拍摄短视频。单反相机作为常见的短视频拍摄工具，整体性价比较高，在画质方面，它比智能手机更加清晰；在价格方面，它又比专业的摄像机便宜很多。

用单反相机拍摄短视频的优点，如图 1-16 所示。

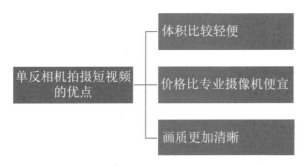

图 1-16　单反相机拍摄短视频的优点

3. 摄像机

摄像机和智能手机、单反相机一样，也是常用的视频拍摄设备之一，如图 1-17 所示。相较于智能手机和单反相机而言，摄像机的专业性更强，在视频效果方面往往有更好的表现。但是摄像机的缺点在于它体型较大、不易携带，且价格也比其他设备要高一些。

图 1-17　摄像机

由于摄像机属于专业水平的视频拍摄工具，在拍摄过程中还会用到一些辅助工具，如摄像机电源、摄像机电缆、摄影灯、彩色监视器、三脚架等。另外，为了保证拍摄视频的清晰度及画质，开拍前还需要对摄像机进行相应的调整，包括调整聚焦、选择滤色片、调整黑白平衡及中心重合调整。

> **提示**　使用摄像机拍摄视频，在拍摄过程中还有很多小窍门可以学习，比如避免反复使用推拉镜头，在摄像完成后可以适当多录几秒，以便后期处理。此外，摄像机的镜头不要直接对着强光源，这样会对摄像管造成损害。

4. 麦克风

短视频拍摄和直播过程中，除了要关注画面效果外，音频质量也非常重要。要想提升视频的声音质量，就需要用到麦克风这个专业的音频辅助工具，如图 1-18 所示。

利用麦克风进行短视频和直播的声音录制，往往能使短视频和直播的声音效果达到一个比较理想的状态。而且麦克风具有很强的适配性，可以与任意一种拍摄设备相结合。所以，在进行短视频声音录制和直播时，创作者和主播都可以选择专业的麦克风，来保证短视频和

图 1-18　麦克风

直播的声音效果。

麦克风的选择关系到声音质量的高低，目前市场上有各种品牌和种类的麦克风产品，价格和参数也各不相同。在选择麦克风时，一定要仔细考虑产品的优缺点，根据自己的具体需求进行选择。

5. 补光灯和柔光灯

在进行室内短视频拍摄和室内直播时，光线的控制也是非常重要的。通常在室内进行拍摄和直播时，都会存在光线不足的问题，这时就需要使用补光灯来进行补光，从而使拍摄出来的画面或直播画面更清晰、明亮。

补光灯是室内拍摄和直播必备的工具之一，通过补光灯可以使视频人物和主播脸部的光线均匀而明亮，不会出现阴影，同时有些补光灯还有美颜效果，可以提升人物的形象气质。目前使用的补光灯大多数为圆环形，有些补光灯的中间还配备有手机支架，可以把手机放在上面，这样既能保持手机的稳定性，又可以解放双手，如图 1-19 所示。

图 1-19　补光灯

一般室内的灯光光线大多数都是直射线，比较容易产生阴影，这时可以使用柔光灯，让光线变得更柔和一些，如图 1-20 所示。

柔光灯发出的光线比较柔和，主要用于修饰拍摄对象的形态和色彩，呈现出来的画面会给人一种轻柔、细腻的感觉。而且柔光灯的色温接近专业摄影棚的打光，能够使视频人物和主播的皮肤显得红润且富有光泽，肤色也会显得更均匀。所以，当室内光线较弱时，开启柔光灯，可以更好地保障室内拍摄和直播的光线效果。

图 1-20　柔光灯

6. 三脚架和手持云台

在拍摄短视频或直播的过程，常常会因为拍摄者手抖而导致视频画面出现晃动或模糊不清的情况。为了解决这一问题，拍摄者可以使用三脚架来稳定拍摄设备，以保证视频画面的稳定性，如图 1-21 所示。

图 1-21　三脚架

与三脚架作用相似的辅助拍摄工具还有手持云台，如图 1-22 所示。手持云台主要应用于户外的短视频拍摄和户外直播，它可以保证运动中画面的稳定性。所以，如果需要变换拍摄场景，或者需要走动拍摄时，就可以使用手持云台来保证拍摄设备的稳定性。

◆ 第 1 章 　抖音电商：电商行业的新贵

图 1-22　手持云台

1.4 抖音电商团队的组建

要想在抖音这样的短视频平台上销售商品，组建一支高效的运营团队是必不可少的。抖音平台并非一个纯电商平台，所以，在该平台上组建电商团队就必须符合平台的特质，加强短视频创作人员和直播人员的储备。

1.4.1　团队配置和分工

一个完整的抖音电商团队，就是结合传统的电商运营团队，再加上短视频创作和直播方面的人员。抖音电商团队的人员配置通常包括运营、客服、短视频创作、直播等岗位，如图 1-23 所示。

图 1-23　抖音电商团队的人员配置

17

1. 运营岗位

无论是传统电商团队还是抖音电商团队，运营都是其中非常重要的一个岗位，它贯穿了电商经营的整个流程。运营人员需要了解平台规则、受众人群、店铺玩法，熟悉产品并制订营销计划，同时还需要负责短视频和直播上线后的推广引流及数据分析工作，及时对内容运营的策略方法进行优化改进。

2. 客服岗位

抖音电商团队中的客服岗位主要是为客户提供各种售前、售中、售后服务。售前、售中需要为客户解答各种购买问题，引导客户下单购买；售后需要处理客户的退换货事宜等。

3. 短视频创作岗位

因为抖音是短视频平台，所以短视频的策划与制作必然是电商运营和商品推广的重头戏。短视频创作岗位替代了传统电商团体中的策划、文案和美工等岗位。抖音电商团队中的短视频创作岗位还可以细分为编导、演员、拍摄及后期制作等岗位，这些岗位的具体工作内容，如图1-24所示。

编导
- 短视频创作团队的总负责人，主要工作包括内容策划、脚本创作、统筹短视频的拍摄工作、挑选演员等

演员
- 根据角色需要和脚本内容完成短视频录制

拍摄
- 根据编导的安排，完成短视频拍摄任务

后期制作
- 为拍摄好的短视频添加字幕、制作后期声效，进行人物修饰、背景图调试，以及短视频成片剪辑

图1-24 短视频创作岗位的人员配置

4. 直播岗位

直播岗位是为了进行直播带货而设立的一些岗位，包括主播、主播助理和场控等岗位，这些岗位的具体工作内容，如图1-25所示。

主播
- 工作内容主要包括展示商品、介绍商品、发放福利、与观众互动等

主播助理
- 工作内容主要是协助主播，帮助主播展示商品，试穿、试用商品等

场控
- 工作内容主要包括上下架商品，帮助主播发放优惠券，布置直播间灯光和营造气氛，还要协助主播促单

图 1-25　直播岗位的人员配置

抖音电商团队的岗位分工虽然比较细，但商家可以根据自己的实际情况合理配备岗位人数，灵活进行岗位分工。在抖音电商团队中，很多岗位的人员都可以兼任其他岗位的工作。比如，运营人员既要负责店铺和抖音账号的运营，又要负责直播的运营工作，同时短视频和直播的编导人员也可以由运营人员兼任。又如，短视频的演员也可以是直播岗位的主播和主播助理。

一般初创团队人数在 2~3 人；进阶团体人数在 4~10 人；高阶团体人数在 10 人以上。

1.4.2　团队建设和管理

绩效考核对于电商运营团队的建设和管理来说十分重要，它能够有效激励团队成员达成预期的营销目标，全面提升店铺的经营业绩和水平。不同的岗位由于工作重心不同，其绩效考核内容也会有所差别，下面以短视频运营岗位为例进行讲解。

绩效考核取决于考核对象的工作内容，通常大多数抖音电商团队中，运营人员既要承担编导的工作，又要负责短视频制作完成后的内容发布、用户管理和数据管理。短视频运营岗位的绩效考核主要分为两部分：关键绩效指标（KPI）和关键胜任能力指标（KCI），如图 1-26 所示。

短视频运营岗位绩效考核表的具体内容，见表 1-4。

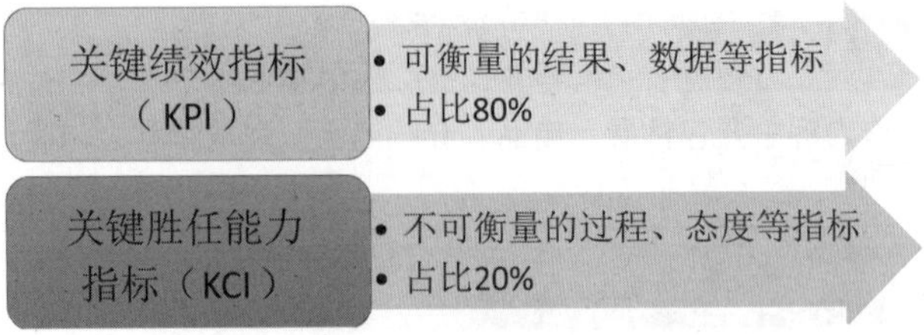

```
关键绩效指标（KPI）  • 可衡量的结果、数据等指标
                   • 占比80%

关键胜任能力指标（KCI） • 不可衡量的过程、态度等指标
                     • 占比20%
```

图 1-26　绩效考核指标

表 1-4　短视频运营岗位绩效考核表

指标类别	具体指标	总分值	权重	评分标准	完成值	实际得分
关键绩效指标（KPI）	制作数量	100分	20%	（1）数量≥10条，100分 （2）5条≤数量＜10条，80分 （3）数量＜5条，0分		
	播放量	100分	20%	（1）总播放量≥300万 （2）至少有3条短视频作品的播放量≥10万 （达到两条要求，记100分；未达到，记80分）		
	粉丝数	100分	10%	（1）粉丝净增长量≥10万，100分 （2）粉丝净增长量＜10万，80分		
	点赞数	100分	10%	（1）点赞总量≥10万 （2）至少有3条短视频作品的点赞量≥1万 （达到以上两条要求，记100分；未达到，记80分）		
	评论数	100分	10%	（1）意见评价数≥100条，100分 （2）意见评价数＜100条，80分		
	私信数	100分	10%	（1）意向咨询用户≥50条，100分 （2）意向咨询用户＜50条，80分		
关键胜任能力指标（KCI）	基本素质	100分	10%	处理问题能力；沟通能力；执行力		
	日常纪律	100分	10%	出勤；提交工作报表		

具体的短视频运营岗位绩效考核指标，商家可以根据账号孵化的阶段来制定，抖音账号一般分为孵化期、运营期和变现期。另外，关键胜任能力指标（KCI）考核的是员工的工作态度，可由部门主管根据员工的表现灵活计分。

1.5 答疑解惑

1. 哪些人适合在抖音上开店？

现在市场上大部分流量都聚集在抖音这类短视频平台上，抖音的变现能力和带货能力是大家有目共睹的。所以，越来越多的人开始加入短视频电商的队伍，选择利用抖音平台来进行商品销售，从而获利。那么，哪些人适合在抖音上开店呢？

（1）网店店主

开网店的人都知道一个道理："有流量才能有销量"。抖音平台自带流量，只要视频内容做得好，平台就会为商家提供精准流量扶持。有了流量后，商家不仅可以直接在抖音平台上销售商品，还可以将流量引入自己在其他平台上经营的网店，从而实现多渠道盈利。

（2）实体店商家

受到电商行业的冲击，实体店商家的经营业绩不断下滑。近年来，很多实体店商家为了适应市场需求的变化，纷纷转型加入电商队伍，开始拓展线上业务。抖音平台相较传统电商平台，拥有更丰富的流量资源，而且"短视频+直播"的营销方式也更适合当下消费者的购物需求和习惯。

（3）工厂厂家

工厂厂家拥有绝对的货源优势，但要想实现产品的曝光，让更多的人知道自家的产品，就需要依靠抖音这样的大流量平台进行多方面的品牌宣传和产品推广。

（4）高颜值的抖音用户

抖音电商是短视频消费升级的结果，商家要想在短短几十秒内将商品最美的一面展现出来，并得到消费者的认可，就必须为消费者带来赏心悦目的视觉体验。所有，我们经常可以看到在抖音平台有很多高颜值的用户，他们创作的短视频作品人气都很高。

这类抖音用户可以充分利用自己的颜值优势来引流和带货，比如，在销售美妆、服装类商品时，高颜值的播主往往更容易刺激消费者的购物欲望。

（5）有才华的抖音用户

抖音作为一个娱乐性质的平台，其中不乏许多炫技高人，比如，烹饪达人、生活达人、运动达人等。这类用户输出的短视频作品具有一定创意性和欣赏价值，如果适当加入产品元素，就既能起到广告营销的效果，又不会引起用户的反感。

2. 哪些商品适合在抖音上销售？

随着抖音电商的迅猛发展，越来越多的商家选择在抖音上为自己的商品做营销，但不是所有商家都能利用抖音平台成功地将自家商品销售出去。如果想在抖音平台上成功地将商品销售出去，就需要根据抖音账号的类型来选择与之相对应的商品进行销售。

如果按垂直细分行业进行划分，可以将抖音账号分为美食、汽车、宠物、体育等类目，各垂直行业抖音账号热卖商品Top5，见表1-5。

表1-5 各垂直行业抖音账号热卖商品Top5

垂直行业	热卖商品Top5				
美食	零食	粮油调味	果蔬/生鲜	速食饮料	餐饮厨具
汽车	汽车清洗美容	汽车零部件	汽车装饰	车载数码配件	汽车坐垫
宠物	宠物粮	宠物用品	宠物零食	清洁用具	宠物衣服
体育	运动健身	运动服	运动鞋	运动器材	运动配件
教育	教材教辅	文具	图书	培训课程	益智玩具
穿搭	女装	童装	男装	内衣/居家服	女鞋
美妆	面部护肤	化妆工具	底妆	眼妆	口红
家居	家装装饰	厨房电器	收纳整理	家纺	清洁用品
母婴育儿	儿童用品	童装	日常玩具	尿裤湿巾	营养奶粉
健康	健康食品	运动健身	健康手环	饮料冲调	按摩器材

如果按"泛娱乐"进行划分，可以将抖音账号分为明星、搞笑、生活、情感等类型，各类型抖音账号热卖商品Top5，见表1-6。

表1-6 各类型抖音账号热卖商品Top5

账号类型	热卖商品Top5				
明星	面部护肤	零食	酒水	身体护理	首饰
搞笑	零食	面部护肤	清洁用具	生活日用	化妆工具
生活	零食	清洁用具	化妆工具	生活日用	粮油调味

续表

账号类型	热卖商品Top5				
情感	零食	面部护肤	生活日用	粮油调味	化妆工具
网红达人	零食	生活日用	面部护肤	男装女装	化妆工具
种草	清洁用具	零食	生活日用	餐饮厨具	化妆工具
剧情	零食	面部护肤	酒水	清洁用具	化妆工具
地方	女装	酒水	男装	粮油调味	文具
影视娱乐	零食	清洁用具	生活日用	粮油调味	化妆工具
创意	零食	清洁用具	粮油调味	益智玩具	化妆工具

商家选择商品时，可以参考上述热卖商品榜单，根据自己想做的商品类目和账号类型合理对引流变现的商品进行规划。

第 2 章
打造一个高流量的抖音账号

抖音电商的第一步是创建一个抖音账号,并进行一系列的养号操作,为账号积累基础流量。有了流量和权重,账号在后期的变现过程中才能顺风顺水。本章就从账号的定位、创建和养号 3 个方面出发,为大家讲解如何打造一个高流量的抖音账号,以帮助各位商家通过抖音号来获取更多的流量。

2.1 账号定位

商家想在竞争激烈的抖音电商领域成功实现商业变现,就要先明确账号的发展方向和受众人群,对账号进行精准定位。同时,商家还要根据账号定位和受众需求来确定视频角色的人设,从而才能有效吸引目标人群关注账号。

2.1.1 四步精准定位账号

如果抖音账号的定位清晰、准确,就能最大限度地加深抖音用户对该账号的印象,这对商家后期进行精准化电商运营来说,是非常有帮助的。下面我们就来看看具体如何精准定位抖音账号。

1. 行业定位

行业定位就是确定账号内容涉及的行业和领域。不少初入短视频行业的运营者通常会犯一个错误,就是盲目跟风,什么题材火就做什么,甚至涉足自己不擅长的领域。但是短视频要想获得更多粉丝的关注,就必须保证视频内容的连续性输出,如果不擅长也没有任何素材积累,很容易因为生产不出内容,最终面临被淘汰的结果。所以,抖音运营者们在做行业定位时,一定要选择自己擅长的行业和领域,这样才能在运营过程中更加自如地进行短视频内容策划,以保证视频内容源源不断地输出。

例如,抖音账号"美食作家王刚",该账号的播主是一名知名的美食达人,他的本职工作是酒店的掌勺大厨。作为一名职业厨师,他热爱美食、拥有丰富的烹饪实操经验,并且认识很多同行,所以,他选择从自己擅长的美食行业入手来运营抖音账号,最大限度地将自己的优势发挥出来。在"美食作家王刚"抖音账号主页可以看到该账号的点赞数和粉丝量都非常高,如图2-1所示。

当然,有时候一个行业包含的内容可能很广泛,这时抖音运营者就需要对行业进行细分,从某个重点细分领域入手来打造抖音账号。比如,某抖音账号的运营者发现,现在很多人都喜欢用手机拍照,但大多数人对手机摄影的构图并不是特别了解,于是他就利用抖音短视频来专门分享手机摄影构图的相关知识,如图2-2所示。

图 2-1 "美食作家王刚"抖音账号主页

图 2-2 某抖音账号的行业定位

2. 内容定位

内容定位,简单来说,就是确定账号的内容方向,并根据该方向创作短视频内容。在进行内容定位时,抖音运营者需要根据整个账号的定位来确定该账号要发布的内容,比如,抖音账号"手机摄影构图大全",该账号的定位就是手机摄影构图类账号,所以该账号发布的视频内容都与手机摄影构图相关。

目前,抖音平台上的短视频内容丰富多样,短视频的类型也呈现出多样化。所以,抖音运营者必须做好账号的内容定位,使自己的视频内容具有特色,这样才能获得更多粉丝的青睐。要想做好账号的内容定位,关键在于为账号确定一个独特的内容场景,从内容场景入手去发掘可以令用户产生兴趣的内容选题。确定视频的内容场景和进行账号的内容定位,需要通过7个步骤来完成,如图2-3所示。

```
第1步：进行市场调研和数据统计分析，确定账号的定位
        ↓
第2步：借助场景分割法，明确目标用户群体容易出现的高频场景
        ↓
第3步：结合变现可能性，进行场景选定，并确定视频内容的定位和标签
        ↓
第4步：进行视频人物形象设定
        ↓
第5步：结合选题和视频内容规划，确定分镜脚本
        ↓
第6步：进行视频拍摄和剪辑，并将视频上传到平台
        ↓
第7步：进行视频推广，根据视频的数据反馈信息，适当调整账号定位
```

图 2-3　内容定位的 7 个步骤

> **提示**　在上述 7 个步骤中，场景分割法是确定内容场景的关键。场景分割法就是让运营者围绕目标用户群体进行思维发散，思考目标用户可能所处的场景，以及他们身边可能发生的事件，然后找到那些发生频次较高的内容场景，并围绕这个场景去做视频的内容规划。

3. 用户定位

抖音账号的运营者如果能够明确用户群体，做好用户定位，了解目标用户的喜好，并努力挖掘用户需求，就能实现精准化的内容推送，从而获取更多的精准流量。

抖音运营者可以从用户的年龄、性别、地域分布、职业和消费能力 5 个方面入手进行定位分析，如图 2-4 所示。通过对目标用户进行分析，抖音运营者可以获得目标用户的人群画像，并根据目标用户的人群特征，制定有针对性的账号运营策略和精准营销。

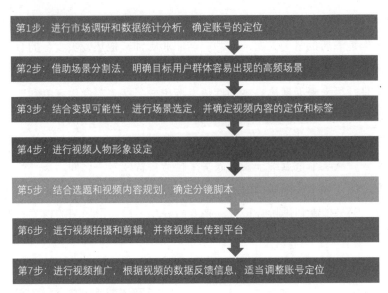

图 2-4　某抖音账号的行业定位

4. 差异化定位

差异化的账号定位能够使自己的账号从众多的抖音账号中脱颖而出，让更多

的用户记住并关注自己的账号。差异化账号主要体现在内容结构、表达方式、表现场景、拍摄方式、视觉效果及 IP 打造等方面。

只有在账号定位明显区别于他人的情况下,才能给粉丝留下深刻印象,从而形成自己的独特卖点。如果抖音运营者将自己的抖音账号定位为剧情类账号,但现在平台上的剧情类账号很多,应该怎么办呢?这时抖音运营者可以通过特殊的情节设计,或者通过人物形象的塑造来打造差异化的内容,从而吸引粉丝的关注。

例如,剧情类抖音账号"你的子笺子凛"和"疯狂小杨哥",如图 2-5 和图 2-6 所示。这两个账号的播主都是一对双胞胎兄弟,且都是剧情类账号,但两个账号的定位却截然不同。账号"你的子笺子凛"得益于播主帅气俊朗的外表,所以账号的内容定位主要是树立温暖、阳光的形象;而账号"疯狂小杨哥"走的是哥哥整蛊弟弟的"沙雕"路线,视频中有很多笑点和槽点,给粉丝带来了很多欢乐。

图 2-5 抖音账号"你的子笺子凛"

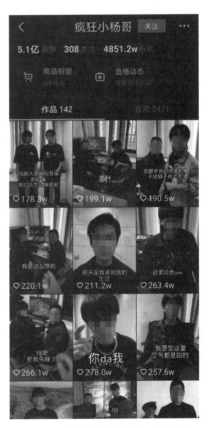

图 2-6 抖音账号"疯狂小杨哥"

2.1.2 做好账号人设

人设就是人物设定的简称,是指视频人物展现给观众的直观形象,包括人物的外在形象和内在性格。鲜明稳定的人设能给用户留下深刻的印象,抖音运营者也可以借助这个人设形成自己的标签。

例如,当下最热门的抖音网红账号"多余和毛毛姐",如图 2-7 所示。该账号的播主在短视频作品中,一人分饰两个角色,本色出演"多余",反串出演"毛毛姐",这两个角色都塑造得非常成功。特别是古灵精怪的"毛毛姐",凭借一句"好嗨哦",以及男扮女装的打扮、夸张的橘色假发和精致的妆容,给观众留下了深刻印象。该账号的运营者非常机智地将账号的人设与视频人物"毛毛姐"重叠起来,使粉丝在记住"毛毛姐"的同时,也记住了"多余和毛毛姐"这个抖音账号。目前,该账号已有 3263 万余粉丝,视频点赞数也达到了 4.8 亿。

图 2-7 抖音网红账号"多余和毛毛姐"

定位账号人设时,运营者需要思考 3 个关键问题:"我是谁""我的优势是什么""我的差异化是什么"。我们把这 3 个问题称为"人设三问",如图 2-8 所示。

图 2-8　人设三问

（1）我是谁

这个问题很好理解，就是介绍自己的名字、职业、身份及地理位置等信息，给用户留下一个深刻的第一印象，让用户能够清楚地记住自己。最简单的做法是，将能够辨识自己身份的信息加入账号名中，比如"营养专家可可""美妆达人小万""陕西面条万"等。

（2）我的优势是什么

这个问题对于账号的人设定位来说是一个加分项。运营者需要将自身的一些优势罗列出来，比如，播主长得好看、具有一定的才艺，或者播主种草产品的能力很强等，通过突出的自身优势来虏获粉丝的心。

（3）我的差异化是什么

要想在众多抖音账号中脱颖而出，让粉丝关注自己，就必须打造差异化的内容和体验。运营者可以从视频人物的服饰、妆容、人格魅力、讲话方式及拍摄背景等方面来打造差异化，让粉丝感受到账号的独特之处，加深粉丝对账号的记忆。

另外，运营者在进行人物设定的同时，需要充分考虑该账号定位面向的主要受众人群，根据受众人群的需求来打造人设。账号人设一旦确立以后，就不能轻易改变了。持之以恒地坚持才能在粉丝心中树立起一个稳定、清晰的人设形象。

2.2　创建账号

在发布短视频作品前，运营者首先需要创建一个抖音账号，并对账号进行认证，然后还需要设置账号的基本信息，比如名字、头像、简介等。这些创建账号的基本操作和设置，将会直接影响用户对账号的关注度，所以，抖音运营者们必须予以重视。

2.2.1 注册账号

注册抖音账号的方法很简单，用户既可以通过手机号直接注册登录，又可以使用今日头条号、QQ 号、微信号及新浪微博号等第三方账号登录，如图 2-9 所示。

在上述几种注册登录方式中，一般优先选择手机号注册登录的方式，因为这种注册方式能够使账号获得较高的权重。通过手机号注册账号，用户只需要输入手机号，在手机上获取短信验证码，并将验证码输入注册界面相应的文本框中即可完成注册。

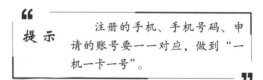
> 提示　注册的手机、手机号码、申请的账号要一一对应，做到"一机一卡一号"。

图 2-9　注册登录抖音账号的几种方式

大家在登录抖音账号时，可以看到一条提示"未注册的手机号验证通过后将自动注册"，由此可见，无论是新用户还是老用户，都可以用上述方法登录账号。新用户在登录账号后，需完善账号信息，如设置头像、设置抖音账号昵称、设置抖音号、个人简介、性别和生日等。账号信息完善后，一个抖音账号才算是真正意义上的注册完成，才更有利于展示自我。

通常抖音账号是注册时间越长，权重越高。所以，在账号发布第一条短视频前，建议运营者至少需要提前 1 个月注册抖音账号。在注册账号后的 0~7 天内，运营者先不要发布任何短视频，也不要修改资料，更不能植入广告。

2.2.2 认证账号

注册好抖音账号后，要想发布的短视频作品能够获得更多的平台推荐流量，运营者还要对账号进行官方认证操作，为新账号添加一个鲜明的身份。抖音平台是根据账号的权重来分配流量的，所以，认证了的账号和没有认证的账号发布同样的短视频作品，呈现出来的效果是完全不同的。

认证账号操作：在抖音的"设置"界面，依次点击"账号与安全"→"申请官方认证"选项，如图 2-10 所示。进入"抖音官方认证"界面，在该页面中可以进行个人认证、音乐人认证、企业认证和机构认证，如图 2-11 所示。

图 2-10　选择"申请官方认证"选项　　　图 2-11　"抖音官方认证"界面

其中，个人认证适用的账号主体为知名度较高的公众人物、领域专家或网络名人；音乐人认证适用的账号主体为拥有原创音乐作品或拥有作品改编权的创作者和歌手；企业认证适用的账号主体为具有营业资质的企业、个体工商户或品牌；机构认证适用的账号主体为国家机构、媒体、学校或其他知名的非营利性机构。

不管选择哪一类账号认证，都需要满足相应的条件，提交相关的证明材料。申请成功后，用户只需抖音官方的审核即可。如果认证审核通过了，在个人资料界面就会显示官方认证的字样，其中，个人认证和音乐人认证为黄色标识的"V"，如图 2-12 所示；企业或机构认证为蓝色标识的"V"，如图 2-13 所示。

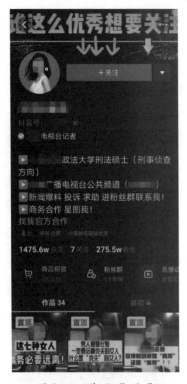

图 2-12 黄"V"账号

图 2-13 蓝"V"账号

> **提示** 根据账号权重的高低对官方认证进行排序依次为机构认证＞企业认证＞个人认证和音乐人认证。

在申请账号官方认证前，建议先对账号进行实名认证。现在很多软件和应用都采用了账号实名制，这是互联网文化发展的必经之路，所以，在抖音平台上运营账号，必须先进行实名认证。进行实名认证的操作很简单，在抖音的"设置"界面，依次点击"账号与安全"→"实名认证"选项，进入"实名认证"界面，输入相关认证信息，点击"同意协议并认证"按钮，即可完成实名认证操作，如图2-14所示。

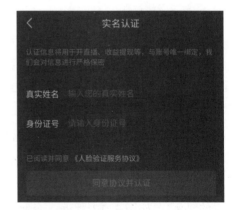

图 2-14 "实名认证"界面

2.2.3 修改名字

账号名字从一定程度上来说，是一个账号身份的象征，因为很多用户仅仅通过一个账号名字，就可以大致知道该账号的内容。比如，抖音账号"老爸测评"，如图 2-15 所示，从该账号的名字可以看出，该账号是测评+科普类的账号，其传播的内容主要是产品测评和产品推荐；抖音账号"张丹丹的育儿经"，如图 2-16 所示，从该账号的名字可以知道该账号的视频内容以育儿知识为主。

运营者为抖音账号设置一个符合账号身份定位的名字，不仅可以让用户快速了解账号所要传播的内容，还能有效加深用户对该账号的印象。

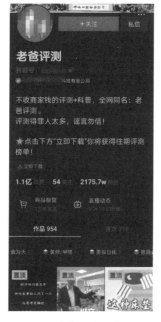

图 2-15　抖音账号"老爸测评"　　图 2-16　抖音账号"张丹丹的育儿经"

设置账号名字时，首先要便于用户搜索和记忆，避免使用生僻词和复杂的词汇。其次，可以在账号名字中加入关键词汇，这样既能向用户提示账号运营的视频内容方向，又能提高账号被用户发现的概率。例如，抖音账号"毒舌电影"，该账号名字就是利用关键词"毒舌""电影"，直截了当地表明了该账号主要的创作内容，如图 2-17 所示。还有一种很常见的取名方式，就是利用谐音取名，例如，抖音账号"七舅脑爷"，该账号的名字就借助了"七舅姥爷"的谐音，给用户留下深刻的印象，如图 2-18 所示。

图 2-17　抖音账号"毒舌电影"　　　图 2-18　抖音账号"七舅脑爷"

另外，抖音平台上也有不少账号名字是直接用品牌名称、企业名称和个人姓名命名的，这类账号旨在直接告诉用户"我是谁"。当然也可以直接用"行业＋人名"的方式来命名，这类账号对于后期植入广告和进行目标人群定位非常有帮助。

2.2.4　修改头像

账号头像是用户识别账号的一个重要因素，它比账号中的文字信息具有更强的视觉冲击力，用户往往能通过账号头像更快地识别和记忆账号。账号头像的设置要结合账号的内容风格来确定，且要求图像清晰、美观。搞笑类账号可以将有趣的图片设置为账号头像，才艺展示类账号可以将自己的真人照片设置为账号头像，美食类账号可以将美味可口的食物图片设置为账号头像。常见的账号头像有以下 4 种类型。

1. 真人头像

用真人照片做头像，可以很直观地展现出播主的个人形象，从而拉近用户和运营者之间的心理距离，非常有利于打造个人 IP。例如，抖音账号"张欣尧"，该账号的头像使用了播主张欣尧的真人照片，很好地体现了播主阳光帅气的个人形象，如图 2-19 所示。

2. Logo 头像

用 Logo 做头像可以向用户明确地传达出账号运营的方向，有助于强化品牌形象。例如，抖音账号"小米直播间（14 点开播）"，该账号是小米官方旗舰店的官方账号，直接用小米的品牌 Logo 做头像，辨识度极高，很好地加深了抖音用户对小米的品牌印象，如图 2-20 所示。

图 2-19 真人头像

图 2-20 Logo 头像

3. 卡通头像

卡通形象诙谐幽默、多种多样,且绝大多数都受到人们的喜爱和追捧,因此有很多抖音运营者会选择卡通形象或卡通人物作为账号头像。在选取卡通形象做头像时,要注意头像是否与账号定位符合。例如,抖音账号"小贝饿了",该账号头像选取的卡通形象是根据播主享用美食的真人形象绘制而成的,运营者就是用这样一种活泼、可爱的方式来向用户传递账号的运营方向和内容,让用户知道这是一个美食类账号,如图 2-21 所示。

4. 账号名头像

直接用账号名做头像能够给用户带来非常直观的感受,强化账号 IP。例如,抖音账号"二更",该账号的头像就使用了它的账号名字,白色背景黑色字体的设计,使整个画面简单、直接,给用户留下了深刻印象,如图 2-22 所示。

图 2-21 卡通头像

图 2-22 账号名头像

> **提示** 有的账号为了吸引更多用户关注,会直接将"关注""点赞"等文字元素加入头像中。这样做虽然能吸引部分用户关注,但并不建议运营者使用这类有明显诱导行为的头像,因为这种类型的头像一般很难通过平台审核。

2.2.5 编写简介

抖音账号的简介能够让用户清晰地了解账号的特色、作品风格及价值意义,所以,账号简介不仅是账号身份定位的关键要素,还具有很高的营销价值。账号简介一般字数简短，通常都是用一句话来介绍账号的运营者身份、运营领域和运营理念等。一个优秀的账号简介需要符合以下3个标准。

1. 便于理解

一个好的账号简介一定要便于用户理解，让用户一看就能明白运营者想表达的意思。账号简介中切记不要出现生僻字和复杂词汇。例如，支付宝官方抖音账号的简介："就是你们熟悉的那个支付宝"，如图2-23所示，该账号的简介就非常好理解，一看就知道该账号是支付宝的官方账号。

图2-23 支付宝官方抖音账号的简介

2. 简洁明了

抖音账号的简介内容既要有足够的概括性，又要能够突出主题。如果账号简介过于冗长，用户既无法抓住简介内容的重点，又记不住店铺特点，会大大降低用户的体验感，从而导致大量用户流失。所以，建议运营者尽量用一句简短的话概括账号信息，让用户能够在短时间获得足够多的账号信息。

例如，抖音账号"人民网"的简介："权威实力 源自人民"，不仅简洁有力，而且突出了该账号内容的权威性这一特点，给人留下了深刻印象，如图2-24所示。

图2-24 抖音账号"人民网"的简介

3. 具有价值

抖音账号的简介是对账号身份定位的补充说明，因此账号简介传递的信息必须具有一定的价值和意义。这里的价值和意义体现在两方面：一是账号本身的价值,即表明账号身份;二是该账号能够给用户带来什么样的价值。

例如,某育儿类抖音账号的简介,如图 2-25 所示,该账号的简介首先表明了播主的身份是某电视台主持人,同时也是一个父亲;接着该账号的简介还表明了他能为用户分享自己 20 多年的育儿经验,这就是在阐述该账号能够带给用户的价值。

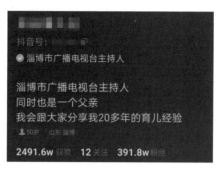

图 2-25　某育儿类抖音账号的简介

2.3　抖音养号

抖音账号如果想要获得更多的流量,在正式发布短视频作品前,运营者还需要进行养号操作。做电商的人都知道店铺的权重很重要,因为店铺权重越高,它在平台的搜索排名就越靠前。抖音运营也是一样的,抖商们不仅要做好账号的基本维护,还要通过一些手段来主动养号,提升账号的权重,使账号能够获得更多的平台推荐流量。

2.3.1　什么是抖音养号

抖音养号简单来说,就是通过一些操作来提升抖音账号的权重,使账号能够获得更多的平台推荐流量。

在抖音运营初期,平台上存在着大量的非正常营销账号,它们通过搬运、伪原创内容等不正当手段来批量做号,以达到曝光、引流、卖货、卖号等目的。这些营销账号的存在对平台的发展非常不利,所以,随着平台的不断成熟,抖音开始打击、封禁这些不正常的营销账号,并不断提升营销账号的门槛。商家们想要在抖音平台上销售商品、获取收益,就必须迈过这个门槛。

作为抖音平台来说，它们更青睐于那些正常的、能创作高质量、垂直内容的账号，愿意将更多的流量分给这些账号。因此，抖音养号就是要在短时间内，建立账号的垂直度、健康度、活跃度，让系统认定该账号是个优质的账号，从而为其分配更多的流量。

抖音养号是一项长久性的工作，贯穿抖音账号的整个运营过程，从账号定位、账号注册到策划内容、制作视频、上传视频，再到维护粉丝、数据运用，都是养号需要进行的操作，如图2-26所示。

账号定位	根据目标人群和变现方式的精准定位，确定账号的垂直运营方向
账号注册	注册时保证"一机一卡一号"，且做到固定登录
策划内容	根据账号定位，策划具体视频拍摄内容
制作视频	拍摄、剪辑和处理短视频作品，形式风格尽量统一
上传视频	结合目标人群的时间点发布短视频作品，获得更多播放量和粉丝
维护粉丝	积极与粉丝互动并导流到微信，增加粉丝黏度和信任感
数据运用	分析视频运营数据，及时进行运用优化

图 2-26 抖音养号的基本步骤

2.3.2 快速养号、提升账号权重的方法

抖音平台为了将精准流量推荐给优质的抖音账号，会从不同的维度对一个账号进行检测。抖音养号需要重点把握以下4个方面的内容。

1. 正确注册抖音账号

在注册抖音账号的过程中，运营者需要注意以下几点。

（1）根据"一机一卡一号"的原则，注册并固定登录账号，切勿频繁地切换账号。

（2）进行实名认证，并绑定微信、QQ、新浪微博、今日头条等第三方账号。

（3）如果要注册多个账号，一定要在不同的地方、不同的时间，用不同的手机号进行注册。而且进行批量注册时，最好不要使用Wi-Fi，建议直接用数据流量

进行各项账号操作。

2. 正确填写账号信息

账号信息的完整度对于账号权重的影响非常大，所以，运营者在注册账号后，一定要完整地填写账号信息，具体要注意以下几点。

（1）根据账号定位一次性设置账号信息，养号期间尽量不修改账号信息。

（2）在粉丝量不足1万时，尽量不要在账号信息中出现微信、QQ等联系方式。

（3）账号名字注意避开敏感词汇。

（4）账号头像尽量原创，且保证图片清晰。

（5）账号简介要做到简短、清晰，尽量用一句话准确概括账号定位，为用户提供确切的价值。

3. 养号期间的操作

为了提升账号权重，除了正确注册抖音账号和正确填写账号信息外，运营者在养号期间还需要每天模仿正常用户进行一些相关操作。

（1）养号周期一般是3~7天，在新账号注册的7天内不要发任何作品。

（2）养号期间每天稳定登录账号，并浏览与自己账号定位相似的短视频作品或观看直播。每天浏览视频的时长最好控制在1~2小时，并且要在不同时间段进行浏览，比如，上午浏览40分钟，下午浏览40分钟，晚上再浏览40分钟。

（3）多浏览首页推荐、同城推荐，或者热搜榜单，关注、参与话题挑战。

（4）在浏览视频的同时，进行点赞、评论、转发等操作，并注意以下几点：

①保证一定的完播率，尽量看完一个视频后再浏览下一个视频。

②查看附近的视频或直播，适当进行点赞、评论、关注等操作，增加账号的真实性。

③看完一条视频再点赞，切勿连续秒赞，避免操作无效。

④根据视频内容进行评论。

（5）关注3~5个自己喜欢的账号或与自己账号同类型的账号。

（6）尽量在不同的地方用数据流量浏览视频。

> **提示**　运营者一定要结合自己的账号定位去浏览相关视频内容，并进行点赞、评论、转发等操作。因为系统会根据用户在抖音平台的相关行为，为其账号添加标签。账号的标签与账号定位越相符，后期该账号能获取到的精准用户就越多。

4. 发布测试的短视频作品

结束了 3~7 天的养号周期后，接下来就需要发布几条短视频作品，对这个账号进行检测。在发布短视频作品时，需要注意以下几点。

（1）发布的短视频作品一定要是原创作品，切忌抄袭、搬运，禁止发布违规内容。

（2）发布的短视频作品要与账号定位相关，最好发布垂直领域的内容，比如，美食类账号就只发布与美食相关的内容。这样更利于平台为账号添加标签，同时也利于后期的账号推荐和搜索。

（3）新号前期的视频时长不宜过长，建议控制在 15~30 秒之内，这样有助于提高视频的完播率。当然运营者也可以通过设置悬念提高完播率，比如，在视频中加入文案，告诉用户视频最后有彩蛋，以此来引导用户看完整段视频。

（4）保持一定的频率持续发布短视频作品，建议每天发布 2~4 个作品，上热门的概率最大。

（5）发布时间最好选择在中午 12：00~13：00 或晚上 18：00~21：00，因为这些时间段内用户比较活跃。

（6）发布的短视频作品必须是高清视频，以保障视频画质的清晰度。在拍摄设备和剪辑软件上，可以设置视频的分辨率，通常应将视频分辨率设置为 1080P（最大值）。

（7）发布的短视频作品可以多使用抖音热门音乐，这样有助于作品上热门。

（8）可以将发布的短视频作品同步展示到今日头条和西瓜视频等平台上。

账号发布的第一条短视频作品很关键，如果第一条作品的反馈数据较好，那么该账号其他后续作品被打上热门账号标签的概率就会很大，这对提升账号权重是非常重要的。通常，第一条短视频作品的播放量达到 500 以上，该账号的养号基本上就算成功了。

2.3.3 抖音账号权重基本算法

抖音账号权重是指抖音平台对某个抖音账号进行评价的一系列数据，它将直接影响账号作品的曝光度和播放量。如果账号权重较高，那么该账号发布的视频作品就能够获得较多的曝光和推荐量，进入更大的流量推荐池，从而获得更多的播放量；反之，如果账号权重较低，那么该账号发布的视频作品获得的初始推荐量就相对较低,视频得到展现的机会也比较少,从而导致视频的播放量很低。

抖音账号权重主要分为两部分:第一部分是账号权重,即抖音账号本身的一些权重;第二部分是视频内容权重,即优质的、有价值的内容输出能力。二者相结合才能构成一个高权重的抖音账号。

1. 账号权重

同其他平台的搜索机制一样,账号权重越高,该账号在抖音平台上的搜索排名就越靠前。所以,运营者在创建抖音账号时,要正确注册抖音账号、正确填写账号信息,并且在完善个人信息的同时积极地进行账号认证,以提升账号的推荐权重。

账号权重的构成包括个人信息、账号绑定、账号认证和违规行为4个部分,如图2-27所示。其中,个人信息和账号绑定为基础项,账号认证为先天优势,违规行为为减分项。

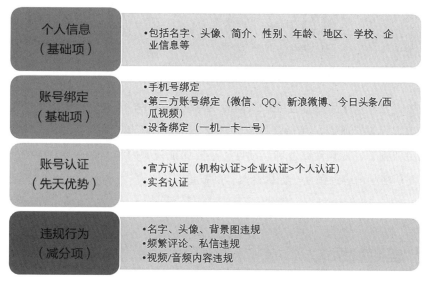

图2-27 账号权重的构成

2. 视频内容权重

视频内容权重主要依靠5类指数来确定,包括评论指数、转发指数、播放指数、关注指数和点赞指数,如图2-28所示。其中,评论指数代表互动度,转发指数代表对平台的贡献度,播放指数、关注指数和点赞指数代表视频质量。

> 评论指数：视频的评论数越多，就代表该视频的话题性越强，用户的互动热情越高。这样的作品会被系统判定为互动度高的作品，从而获得更多的推荐量。

> 转发指数：转发行为能够提升视频的活跃度。视频的转发量越大，说明该视频的内容正被广泛传播。这样的现象是平台希望看到的，所以作品被推送的概率也会递增。

> 播放指数：包括播放量和完播率。其中，完播率是衡量视频质量的重要指标，也是一条视频的合格线。完播率是指观看完整视频占总播放量的比例。在制作视频时，运营者可以通过设置悬念等方式促使用户观看完整视频。

> 关注指数：关注作品的人数越多，说明视频内容对用户产生的价值越大。

> 点赞指数：视频的点赞量和点赞率越高，说明视频内容越受用户喜爱，被平台推荐的概率也就越大。

评论指数	转发指数	播放指数	关注指数	点赞指数
•评论量 •评论率 •评论点赞量 •评论互动率	•转发量 •转发率 •转发播放量 •二者转发率	•播放量 •完播率	•关注率=关注人数/播放量	•点赞量 •点赞率

图 2-28　视频内容权重的构成

除此之外，作品的垂直度、原创性及持续创作性等因素也将影响抖音账号的视频内容权重。所以，在运营抖音账号时，运营者不仅要提高视频内容的质量、视频更新频率、视频活跃度和互动度，还要保证视频内容的垂直度和原创性，这样才能从视频内容的角度全面提升账号的权重。

2.4 答疑解惑

1. 哪些情况下需要养号？

养号可以帮助一个账号获得更多的流量，也是运营抖音账号必须进行的操作。那么，什么时候需要养号呢？我们都知道，没有流量的新号肯定是要养号的，那除了新号外，还有哪些情况需要养号呢？需要进行养号操作的情况如图 2-29 所示。

2. 抖音账号的权重分类

在抖音平台上，根据账号权重的高低，可以将账号分为6类：大V账号、待上热门账号、待推荐账号、中途降权账号、低权重账号、僵尸账号，如图2-30所示。

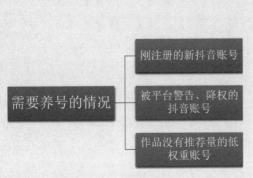

图2-29 需要养号的情况

图2-30 抖音账号的等级划分

（1）大V账号

目前抖音平台上权重最高的一类账号就是大V账号。每一个大V账号都有专属的抖音客服，平台发布的任何挑战和互动活动，都会第一时间邀请这些大V账号前来参与。

（2）待上热门账号

待上热门账号是指那些视频播放量徘徊在1万左右的账号，这类账号的权重通常比较高。待上热门账号可以多参加一些平台最新的话题活动和挑战，使用最新的抖音热门音乐，结合热点内容来提升账号上热门的概率。

（3）待推荐账号

待推荐账号是指视频播放量维持在1000~3000的账号，这类账号的权重还不错，如果能持续创作高质量的、垂直领域内的短视频作品，就有可能被系统推荐到更大的流量池。

（4）中途降权账号

在抖音运营的过程中，账号一旦涉及搬运视频、频繁修改账号信息、违规投放广告信息等行为，就有可能被平台识别为违规操作，从而对账号进行降权处理，甚至还可能将账号直接降为低权重账号或僵尸账号。这也是为什么有的账号明明之前视频的播放量还不错，突然就没有了推荐量的原因。

如果发现视频的播放量异常，怀疑自己账号被限流、降权，也不用过于担心，只需正确养号3~7天，并且后续没有再出现违规或疑似违规的操作，基本就能恢复账号权重。

(5) 低权重账号

如果一个账号连续7天都发布了新作品,但视频的播放量却始终只有100~200,那么这类账号就属于低权重账号。这类账号的权重较低,其发布的视频作品只会被系统推荐到低级流量池中。如果持续一段时间,作品的播放量没有突破,吸引不到用户关注,那么该账号就很有可能被降为僵尸账号。

(6) 僵尸账号

僵尸账号是指连续7天都在发布新作品,但视频的播放量在100以下的账号。抖音平台对僵尸账号的限流非常严格,即使是相互关注的好友,系统也不会给推荐。所以,僵尸账号相当于是一个废号,建议运营者尽早放弃这类账号,重新注册新账号。

第 3 章
策划优质的短视频内容

在这个内容为王的时代,无论是电商商家还是自媒体运营者,都将内容运营放在第一位,尤其是在抖音这种以短视频内容为主要传播载体的平台。优质的短视频内容是吸引用户的核心要素,也是一个账号长期良好发展的基础。抖音商家们要想利用短视频进行营销活动,并从中获利,首先就需要策划出有吸引力的、高质量的短视频内容,让更多的用户喜欢并关注自己的短视频作品。

3.1 短视频的内容构成

要想策划出一条优质的短视频作品,首先需要了解短视频的内容构成。一条完整的抖音短视频通常包含了图像、字幕、声音、特效、描述、评论等众多元素,如图 3-1 所示。

1. 图像

图像可以理解为拍摄工作完成后得到的画面影像成品,品质越高的视频对画面效果的要求就越高。我们主要从观赏性、层次感和专业度 3 个方面来判断图像的品质是否优质,如图 3-2 所示。

图 3-1 短视频的内容构成

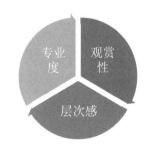

图 3-2 判断图像品质的 3 个标准

> 观赏性：视频画面是否具有观赏性。
> 层次感：视频画面的表现和场景布局是否具有丰富的层次感。
> 专业度：视频画面里面如果有人物，那么人物的表现是否足够专业。

2. 字幕

字幕的重要性时常被低估，一些人认为只要在后期制作时把字幕打上去就行了，这种想法是错误的，其实字幕的操作空间很大。字幕的主要作用是为了让用户清楚地知道视频中人物的对话和语言表达内容，如图3-3所示。

除此之外，字幕还有一个很重要的作用，就是提醒用户视频的关键点是什么。如果将视频内容的几个关键节点用字幕的形式显示出来，不仅可以把控视频节奏，还能加深用户对视频内容的印象。例如，某条美食短视频中，配料表和菜品的关键烹饪步骤均使用了字幕显示，让用户在看视频时能够更好地掌握这道菜的烹饪方法，如图3-4所示。

图3-3 视频中的字幕

图3-4 用字幕显示菜品的配料表

3. 声音

声音是视频的灵魂，视频声音包含了旁白、人物自述、人物对话、背景音乐和特效音乐等，如图 3-5 所示。一条短视频的声音部分要做好，首先要注意人物语调的抑扬顿挫和语气的感染力，其次要把握好背景音乐的情绪感染力。

4. 特效

当剧情突然反转或关键词字幕出现时，往往需要通过一些特效处理来提高用户对视频的注意力。例如，某短视频作品中，利用抖音官方的特效道具"蓝线挑战"来创作视频，如图 3-6 所示。在抖音里还有很多新奇的特效道具，这些道具可以帮助创作者拍摄出各种有趣的创意视频，如图 3-7 所示。

图 3-5 视频声音的组成部分

图 3-6 某短视频作品中使用的特效道具

图 3-7 抖音官方的一些特效道具

> **提示** 特效的出现要贴合剧情的发展，假设视频画风从悲伤反转到开心，此时就可以配上一段掌声特效或欢快的音乐特效。

5. 描述

短视频内容中的描述相当于一段内容简介，为用户概述了视频的主要内容，具有内容引导的作用。要想做好短视频作品的内容描述，应该从以下3点入手。

（1）吸引力

短视频作品的内容描述一定要具有吸引力，就像一些图文生产者常常利用一个引人注目的标题来吸引读者阅读图文内容一样。例如，抖音上某条短视频的内容描述为"给这个洗面奶疯狂打call！"，如图3-8所示，该描述虽然一看就知道是在种草一款洗面奶产品，但又不自觉地勾起了用户的好奇心，让用户想要一探究竟，看看什么洗面奶这么好用，值得播主大力推荐。

（2）互动性

在撰写短视频内容描述时还要考虑到短视频作品的互动性，尽可能地撰写一些互动性较强的描述，引导用户参与互动。比如，在标题描述中提出一个问题，引导粉丝评论回答问题，以此来提高视频的评论量与点击率，如图3-9所示。

图3-8　有吸引力的短视频内容描述示例　　图3-9　互动性强的短视频内容描述示例

（3）代入感

一条图像效果普通的短视频作品，常常会因为一段非常有代入感的视频内容描述而引发无数粉丝关注和评论。例如，抖音上一条关于漂泊和奋斗的短视频作品，在描述中这样写道："每个在外漂泊的人都有自己的坚守和无奈，加油吧，在外奋斗的你！"，如图 3-10 所示。这段视频内容描述有一丝伤感，但又很鼓舞人心，很容易使漂泊在外的奋斗者产生代入感，引发他们的情感共鸣。因此这条短视频作品收获了上百万的点赞数，成为一条爆款视频。

6. 评论

视频的评论代表了粉丝对视频内容的看法和态度，虽然短视频创作者不能直接控制粉丝如何评论自己的短视频作品，却可以通过图像、字幕、声音、描述等内容去设计和引导评论的方向。

例如，在微博上，不少用户都有浏览评论的习惯，因为他们认为评论的内容丰富有趣，比正文内容更具吸引力。在微博的评论区中，有很多个人用户生产者，也就是粉丝内容生产者，他们的评论观点一般会受到微博正文描述的影响，博主只需在正文中进行评论引导，就能收获大量引导范围内的粉丝评论。

对于抖音的短视频创作者而言，也可以从这个方向入手，抛出作品评论方向，引导抖音用户发表评论，增加视频的曝光率与点击率。需要注意的是，当用户评论后，创作者一定要记得回评，以增强和用户之间的互动。抖音上某条短视频作品的用户评论和作者回评如图 3-11 所示。

评论版块是吸取流量、塑造账号个性的最佳平台，打造评论版块是抖音运营的重要环节。创作者应该浏览大量的视频评论，总结出适合自己视频内容的引评方式，并且在运营中不断实践。

图 3-10 代入感强的短视频内容描述示例

图 3-11 短视频作品中的用户评论和作者回评

3.2 短视频的热门内容类型

短视频的内容题材丰富多样，在抖音平台上，既有令人赏心悦目的颜值圈粉类短视频，又有让人捧腹大笑的幽默搞笑类短视频，还有让人收获知识的知识教学类短视频。下面为大家总结了当下最热门的几种短视频内容类型，如图3-12所示。

图 3-12 最热门的几种短视频内容类型

3.2.1 颜值圈粉类短视频

常言道，"爱美之心人皆有之"，可见大多数人都追求视觉享受，对外表漂亮和美观的人物、事物没有抵抗力。在抖音平台发展的早期，第一批网红基本上都是依靠超高的颜值来获取流量的。比如，拥有1000多万粉丝的抖音达人张欣尧，他是一个长相清秀、笑容灿烂的阳光大男孩，拍摄的短视频"你要不要做我女朋友"曾经爆红抖音，粉丝数量一路高涨。张欣尧抖音账号的主页如图3-13所示。

当然，这里所说的颜值并不单单是指人物的颜值，还包括好看的事物、风景等。

从人物方面来说，想要提升外在颜值和形象，衣着和妆容很关键。在拍摄短视频前，应根据视频风格和人设为人物搭配最合适的服装，并化上精致的妆容，这是提升颜值最轻松、便捷的方法。

从事物、风景等方面来说，除了合理把握其本身的美感外，还需要通过高超的摄影技术来进一步提升其颜值，比如精妙的画面布局、构图和特效等。图3-14所示为某旅游短视频作品中展现的高颜值风景内容。

图 3-13 "张欣尧"抖音账号的主页

图 3-14 高颜值的风景内容

3.2.2 知识教学类短视频

知识教学类短视频主要是为用户提供各类有价值的知识和实用技巧，它的涵盖范围非常广，比如美妆教学、穿搭教学、摄影教学、美食制作、办公教程、PS教程等。这类视频通过简单易学的方式，让用户在短时间内就能轻松掌握一项知识或一门技艺，干货十足。因此，深受广大用户的喜爱。

例如，某 Excel 知识教学类账号，该账号的内容以实用的 Excel 教学为主，通过剧情的形式为用户传授 Excel 的相关知识，从而吸引了大量用户关注。目前该账号拥有 700 多万粉丝，点赞量也高达 1400 多万，如图 3-15 所示。

一般而言，知识教学类短视频的内容具有两个特征，即知识性和实用性。所谓"知识性"，是指短视频的内容要包含一些有价值的知识和技巧；而"实用性"则是指短视频内容中介绍的这些知识和技巧能够在实际的生活和工作中运用。

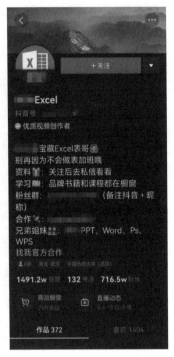 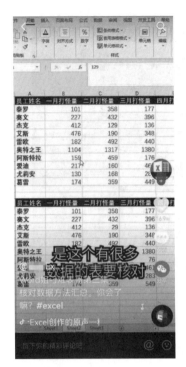

图 3-15　某 Excel 知识教学类账号

3.2.3　幽默搞笑类短视频

大多数人观看短视频的目的是放松心情，所以，幽默搞笑类短视频一直都是抖音平台上最受欢迎的视频内容类型。幽默搞笑类短视频的受众范围很广，没有年龄、性别的限制。因此这类短视频不仅观看的用户很多，制作和分享的用户也很多。

在抖音平台上，有很多专门制作幽默搞笑类短视频的运营账号。例如，某账号发布的短视频作品主要以趣味段子、搞笑影视片段等内容为主，观看这些短视频内容时，用户常常会开怀大笑，该账号也因此得到了众多粉丝的青睐，如图 3-16 所示。

打造幽默搞笑的短视频内容，可以运用各种创意技巧和方法对一些比较经典的内容和场景进行视频编辑和加工，也可以对生活中一些常见的场景和片段直接进行恶搞拍摄和编辑，从而打造出幽默、有趣的短视频内容。

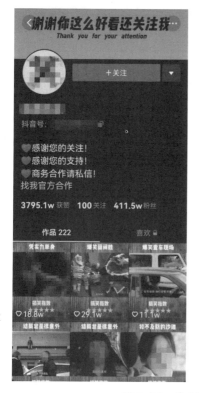

图 3-16 某幽默搞笑类短视频账号

3.2.4 商品展示类短视频

商品展示类短视频与电商的联系最为紧密，也是不少抖音商家首选的视频内容类型。这类视频以推荐商品并引导用户购买商品为主要目的，可以细分为种草类短视频、开箱类短视频和测评类短视频。

例如，某商品种草类账号专门针对年轻用户群体，种草一些新鲜、奇特的商品，每个作品中播主会亲身试用商品，并运用幽默语言进行商品讲解，如图3-17所示。

除了常规的种草和开箱类短视频外，很多用户在购买商品前都会选择在网上查看相关的测评信息，以此更为直观地了解商品特点，所以，商品测评类的短视频内容也有很大的发展空间。例如，某商品测评类账号发布的护肤品测评的视频内容，如图3-18所示。

图 3-17　商品种草类短视频　　　　图 3-18　商品测评类短视频

3.2.5　才艺技能类短视频

才艺技能类短视频是以才艺展示或技能展示内容为主，这类短视频作品往往很容易上热门推荐。抖音平台就是一个大众秀场，只要播主拥有独特的才艺或一技之长，并敢于秀出自己的才艺和技能，就能使视频获得大量的关注和点赞。

才艺的范围非常广，不仅包括传统的唱歌、跳舞，还包括乐器演奏、脱口秀、相声、魔术、绘画、书法等。在创作短视频时，播主可以选择自己最擅长的才艺进行展示。下面为大家列举几个在才艺内容打造方面非常出色的抖音账号，以便抖音运营者学习借鉴。

例如，抖音账号"冯提莫"，该账号的播主不仅颜值很高，歌声也非常动听，还参加过多个歌唱节目，可见实力非凡。播主凭借超强的歌唱实力，征服了众多抖音用户，目前该账号的粉丝数量高达2700多万，如图3-19所示。

又如，抖音账号"代古拉k"，该账号的播主是一名职业舞者，凭借其动感的舞蹈和甜美的笑容，给无数抖音用户留下了深刻的印象，从而在抖音平台上迅速走红，目前该账号拥有2600多万粉丝，如图3-20所示。

图3-19 抖音账号"冯提莫"的账号主页　　图3-20 抖音账号"代古拉k"的账号主页

除了才艺外，很多自己会的而别人不会的技能也能作为短视频的内容创作方向。如果短视频的内容专注于某一领域或某一类事物，且刚好体现了视频人物的某项高超技能，那么这类短视频对于用户来说非常具有吸引力，而且往往能带来不错的口碑。

抖音平台上的技能类短视频的内容就是展示各种绝活、技巧。例如，某短视频作品中展示的剥虾技能，如图3-21所示；某视频作品中展示的豆腐切丝穿针的内容，充分展现了视频中的人物精湛高超的刀工技艺，如图3-22所示。

当然，这类短视频作品并不是所有人都能够打造出来的，因为视频内容中的这些技能绝活都是视频中的人物通过长年累月的辛苦训练才练就的，并不是所有人都可以做到。要想打造这类短视频，首先需要找到在某一领域有优势和特长的人作为视频内容的主角。

图 3-21　展示剥虾技能的短视频作品　　图 3-22　展示豆腐切丝穿针技能的短视频作品

这里为大家整理了一些抖音上的常见技能展示类型，包括娱乐技能、专业技能、吃货技能、生活技能，如图 3-23 所示。

- 娱乐技能
  - 如抓娃娃机技巧、剪刀娃娃机技巧等
- 专业技能
  - 快速点钞、蒙眼切菜等
- 吃货技能
  - 徒手开榴莲、巧剥鸡蛋壳等
- 生活技能
  - 巧妙去除标签、油渍等

图 3-23　常见技能展示类型

与一般的视频内容不同,技能类的内容能够让用户感觉特别新奇,如果视频中的技能在日常生活中用得上,他们就会收藏甚至转发视频。所以,只要是实用性很强的技能类短视频,播放量往往都很高。

3.2.6 评论解说类短视频

现在大多数的人生活节奏都很快,很多人可能没有时间看一部完整的电视剧或电影,也没有充沛的精力观看一场完整的游戏比赛和体育比赛。在这种情况下,各类剧评剪辑、影评剪辑、游戏解说、体育比赛解说等内容的短视频作品应运而生,使不少用户能够在繁忙的生活间隙快速了解当下热门的影视作品、游戏和体育比赛。

部分剪辑类抖音账号会将许多热门电视剧或电影的精彩片段进行混剪,有的作品还会根据视频画面进行配音解说。例如,抖音账号"虫哥说电影",该账号的播主会根据自己的理解和感悟剪辑电影或电视剧的片段,再配上对影视作品的解说,从而收获了众多用户的点赞,如图3-24所示。

图3-24 评论解说类短视频

短视频的内容类型远不止上述6种，还有咨询解答类、卡通动漫类、美食美景类、萌宠萌宝类等。运营者可结合账号定位及自己所长来选择合适的短视频内容创作方向。

3.3 快速传播、上热门的短视频内容的共同特征

抖音本质上是一个短视频分享平台，因此，丰富多样的短视频内容始终是抖音平台发展的核心。虽然每天都有很多抖音用户将自己精心制作的短视频作品上传到抖音平台，但能够上热门的短视频作品却寥寥无几。那么，到底什么样的视频内容才更容易上热门呢？下面我们就来看看那些爆款视频内容都具备哪些共同特征。

3.3.1 产生共鸣

在视频作品中，情感共鸣是吸引观众眼球、激发观众观看欲望的最佳方式。如果短视频作品能加入引起用户情感共鸣的内容，就能触达用户的内心，从而快速提升作品的播放量，甚至还能进一步激发用户产生点赞、评论、分享等行为。

情感是触达人心的利器，能产生强烈情感共鸣的内容往往能够引发观众的深思，让他们在观看视频时能够感同身受，同时又能使他们的内心深处感受到一股力量和温暖。

例如，某短视频作品中讲述了两个漂泊在外的女孩第一次租房的经历，如图3-25所示。相信很多漂泊在外的异乡人都有过相同的经历，对在外打拼租房的艰辛深有体会，所以在看到这样的视频内容时就会自然而然地联想到自己租房的经历，从而产生一种情感共鸣。

图3-25 能够产生情感共鸣的短视频作品

3.3.2 饱含正能量

大多数人观看短视频虽然是为了娱乐消遣、打发无聊时光，但如果能在短视频作品中加入一些能够激励人心、积极向上的内容，就能有效地激发受众情绪，从而吸引更多人的关注。比如，见义勇为、助人为乐的英雄事迹，或者辛苦创业的励志故事等，都可称为正能量的短视频内容。饱含正能量的视频内容能够有效激发受众的感动情绪，点燃受众心中的信念，为受众指引正确的人生方向。向社会大众传播正能量既是短视频行业的正确发展之路，又是短视频运营者的责任和义务。

例如，抖音上某条短视频作品讲述的是一名父亲在马路上突发疾病，晕倒在地，一旁的儿子为了救父亲，走到马路中央下跪拦车，如图 3-26 所示。这条短视频所表现的内容就是在弘扬正能量，当观众看到该视频后，会自然而然地被视频中男孩的孝心所感动。

图 3-26 饱含正能量的短视频作品

3.3.3 紧跟热点话题

抖音平台从不缺乏热点，其中包括热门歌曲、热门剧情创意及热点人物等。比如，音乐类的《生僻字》《野狼 disco》，异常火爆的侦探类题材视频，热门人物毛毛姐、张欣尧等。要想使短视频作品获得更高的曝光率和点赞数，短视频运营者就需要时刻关注各类热点话题，并在策划短视频内容的时候加入这些热点元素。

例如，抖音神曲《生僻字》火了后，不少短视频创作者利用《生僻字》这首抖音热门歌曲创作各种各样与之相关的短视频作品。除了简单地跟拍、跟唱外，更是出现了许多升级版、加速版、方言版的《生僻字》短视频作品，如图 3-27 所示；还有许多短视频创作者选择将《生僻字》这首热门歌曲与剧情相结合，以此来丰富视频内容,甚至在抖音上还有一些短视频创作者,仅保留了《生僻字》这首歌曲的曲调,将歌词替换为菜品名称,创作了美食版的《生僻字》,如图3-28所示。

图3-27 升级版《生僻字》短视频作品　　图3-28 美食版《生僻字》短视频作品

3.3.4 富有创意

抖音平台上那些独具创意的短视频作品,往往更能引起用户的关注和喜爱。创意类的内容包括脑洞大开的段子、恶搞视频或一些日常生活中的创意等。

例如,某短视频账号发布的短视频作品展示的都是一些创意手工,既让用户觉得新鲜有趣,又能教会用户一些变废为宝的小技巧,因此这些短视频作品深受用户喜爱,如图3-29所示。

图 3-29 富有创意的短视频作品

3.4 短视频剧本和脚本的策划

抖音账号主要是依靠短视频作品来吸引粉丝,表达方式新颖独特、剧情情节跌宕起伏的短视频作品不仅最能吸引用户的眼球,而且受到平台的推崇。所以,策划优质的剧本或脚本是短视频创作的核心工作。

3.4.1 剧本和脚本的区别

剧本和脚本是短视频内容策划中存在的两种不同的表现方法。其中,剧本呈现的内容较为详细,包括视频内容的整体脉络,以及各种细节因素,甚至包括短视频内容发生的时间、地点、人物动作、对话等细节。相较于剧本,脚本呈现的内容就简单得多,主要侧重于表现故事脉络的整体方向,相当于故事的主线或发展大纲。所以,剧本更偏重于对整体的把握,而脚本更倾向于对故事的设计。

在策划短视频内容时，剧本和脚本选择是非常重要的，运营者需要根据实际情况来做考虑。短视频的内容形式多样，单纯的剧本形式或脚本形式往往满足不了短视频的内容创作。因此，常常需要二者相结合进行创作。对于一些剧情表演和技能表现类的短视频创作，可以选择介于剧本和脚本之间的改良方式，不仅能满足对画面的设计，而且加上对话还能体现视频的故事情节。

总之，对于剧本和脚本的取舍，不应该过于刻板，要结合短视频的特点，对剧本或脚本做出一定的创新和改良，在保证精简的基础上，尽量保证内容的丰富、流畅。

> **提示** 短视频最大的特点就是播放时长较短，所以在创作短视频作品时，既要保证主题鲜明又要保证内容精简。因此，大多数运营者都会选择以脚本形式进行最初的内容策划，但在实际的策划过程中，运营者不能局限于脚本的条条框框，要将短视频的拍摄细节、思路、人物对话、场景等内容丰富到视频脚本中。

3.4.2 剧本和脚本的策划要点

虽然剧本和脚本表现的内容存在一定差异，但是它们存在的目的都是为短视频内容拍摄提供帮助。剧本和脚本的好坏主要取决于编剧的能力，在策划剧本和脚本时，编辑应该从以下几个方面出发来撰写短视频的剧本或脚本。

1. 剧情设置

故事情节跌宕起伏的剧本才能牢牢抓住用户的眼球，让他们有继续看下去的欲望。所以，剧本的设计一定要富有层次感，剧情要有高潮，故事的衔接过渡也要自然。千万不要设计那种直线式的低级剧本，让用户看到开头就猜到了结尾。

2. 内容段子的应用

编剧平时要注意将各类段子、素材收集整理起来，创建一个内容库。当需要创作短视频剧本时，直接通过内容库查阅收集的各类段子、素材，以激发自己的创作灵感。

3. 脑洞大开的内容

一些人的思维非常跳跃，很擅长联想，比如他们看到一支笔，可以联想到枯枝，甚至可以联想到火箭。编剧们在创作剧本时，不仅要具备这样的跳跃性思维，还要通过合理的剧情设置将这些脑洞大开的内容用最精练的语言表达出来。

4. 内容压缩

抖音短视频的播放时长通常都比较短,所以,创作的剧本必须保证短小精练,如果编写的素材太冗杂,就要做内容压缩。

那么,如何对剧本内容进行压缩呢?编剧可以尝试打造一处经典的内容,使其通过镜头呈现出来,这样做不仅能汇集用户的关注点,还能压缩视频播放时长。比如,在网红"毛毛姐"的短视频作品中,一句"好嗨哦"就是其作品的经典之处。如果"毛毛姐"制作在KTV唱歌的视频,将女孩子出门前化妆或唱歌的具体情况都呈现出来,就会使视频的重点内容被完全分散。大家要知道,抖音平台属于一种滑动式视频展现平台,其信息传递的速度很快,如果一个作品没有可提炼的经典内容,用户很快就会将其遗忘。

5. 剧本风格的多样性

每一位编剧创作的剧本都带有浓烈的个人风格,有条件的运营者可以搭建一个编剧团队,将编剧们的灵感、风格杂糅,进行剧本碰撞,使剧本风格更多变。

在抖音平台上,某些账号的作品剧本都出自同一位编剧之手,长期观看视频的粉丝都能猜到大致的剧情套路,其剧本风格也很难突破。为了避免视频作品陷入情节设计缺乏新意、剧本风格难突破的困境,编剧需要与同行多交流,打破固有的思维模式,将各种风格糅合在一起,使视频能够给人耳目一新的感觉。

6. 艺术性包装

任何事件都可以被场景化、立体化,在事件原有的基础上加入人设、场景的变化,以及自己对事件的理解,为事件进行艺术性包装。短视频剧本不是在写记叙文,更不是要拍摄纪录片,要写得生动有趣、富有立体感,不能让观众感觉到枯燥乏味。

编剧可以将更多的元素掺杂到剧本中,可以包含搞笑元素、悬疑元素和趣味元素等。用户观看短视频大多是为了摆脱生活的枯燥乏味,所以他们更希望看到的是那些经过艺术包装的趣味短视频作品。

7. 镜头感、画面感、声效感

在撰写短视频剧本时,编剧一定要提前设想好,在拍摄过程中如何将剧本的内容在镜头前展现出来。为了更好地表达剧本内涵,编剧还需要对拍摄场景的构架、人物表情的展现和道具位置的摆放一一进行设定。

虽然声效制作主要依靠后期，不过在剧本设计阶段，编剧也可以有意识地添加声效内容。当剧情需要反转时，编剧的脑海中一定要有音效处理的概念，这样创作出来的剧本才会更加立体饱满。

总之，编剧们在创作剧本的时候，应该提前设想拍摄画面，包括剧情的衔接、内容的呈现及声效的处理。

8. 衔接画面

上一个剧情的画面如何与下一个镜头衔接起来，这也是编剧在撰写剧本时应该重点考虑的一个问题。衔接画面要与剧本整体的设计风格相接近，它的表现方法有很多。例如，要设计一个进入梦境的衔接画面，可以使用水波飘动的效果；也可以使用旋转式效果，以一种催眠的感觉进入梦境。

3.4.3 剧本和脚本的构成要素

短视频的剧本和脚本通常由 8 个要素构成，分别是主题定位、人物设置、搭建框架、故事线索、场景设置、音效运用、影调运用及镜头运用，如图 3-30 所示。

图 3-30 剧本和脚本的构成要素

➢ 主题定位：视频内容的主题思想、真实意图。

➢ 人物设置：视频人物的人数、人设及作用。

➢ 搭建框架：视频的整体走向，例如，主题、角色、场景等。

➢ 故事线索：视频剧情走向、线索。

➢ 场景设置：拍摄地点的选择，是室内拍摄，还是室外拍摄。

➢ 音效运用：根据视频内容调整相应的音效，用音效来渲染故事氛围。

➢ 影调运用：根据视频内容的主题情绪调试相应的影调，如悲剧、喜剧等。

➢ 镜头运用：什么样的内容用什么样的镜头拍摄，比如，表现人物面部细微情绪时可以用特写镜头。

3.5 答疑解惑

1. 如何设计短视频的封面图和标题?

抖音用户在观看短视频时,首先注意到的就是短视频作品的封面图和标题。所以,封面图和标题是吸引用户关注短视频作品的最关键因素,二者的好坏将对短视频的相关运营数据产生很大的影响。

封面图最大的作用在于提高短视频的点击率,设计一个"吸睛"的封面图通常应该遵循4个原则,如图3-31所示。

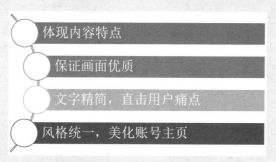

图 3-31 设计封面图的4大原则

例如,某短视频账号部分作品的封面图,通过文字标题开门见山地让用户知道视频的主要内容方向,且字体清晰、风格统一,既能形成强有力的记忆点,又能勾起用户的好奇心,如图3-32所示。

除了封面图,标题也是短视频运营者需要重点关注的内容。优秀的短视频标题往往能为整个作品增色不少,同时还能有效激发用户的观看热情,以提升短视频作品的点击量和完播率。

例如,抖音上某条短视频作品的标题为"孕妇不敢请假?",直击孕期职场女性的痛点,相信很多身处孕期的职场女性对这一问题深有感触,并且很想看看这条短视频的结果如何,如图3-33所示。

撰写短视频标题也需要掌握一定的技巧和方法,下面我们就来看看撰写短视频标题有哪些要点。

➢ 文字表达要精简,能高度概括短视频的内容。

➢ 从用户角度出发拟定标题,充分考虑视频内容能与观众产生什么联系,标题尽量将用户的利益与视频内容相结合。

➤ 留有悬念或小争议，引起用户的好奇心。
➤ 积极引导用户进行互动。

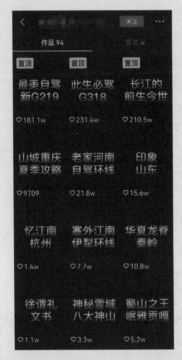

图3-32 某短视频账号部分作品的封面图

图3-33 某短视频作品的标题

2. 创作短视频的"黄金3秒"理论

在短视频创作过程中有一个理论，叫作"黄金3秒"理论。"黄金3秒"理论是说，一条短视频能否吸引用户的关注，主要取决于视频内容的前3秒。因此，短视频创作者一定要把握好视频内容的前3秒，利用这"黄金3秒"清晰明了地点出视频内容的主题，使整个视频在一开始就对用户构成极大的吸引力。

例如，某条零食种草类短视频作品，视频开头创作者直接利用"开门见山"式的标题点明了视频内容的主题，以吸引对该内容感兴趣的用户，紧接着创作者又通过倒排名的方式来吸引用户将该条视频看完，如图3-34所示。

3. 快速打造爆款内容的5大方法

对于没有短视频创作经验的运营者来说，想快速打造出爆款的短视频内容并非易事，下面为大家推荐5个比较常用的快速打造爆款内容的方法，如图3-35所示。

图 3-34 某条零食种草类短视频作品的开头部分

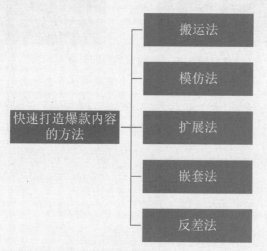

图 3-35 快速打造爆款内容的 5 大方法

（1）搬运法

搬运法就是将其他创作者制作的视频搬运过来，并适当进行改编，在原视频的基础上增加一些新创作的内容。例如，某影评类抖音账号发布的短视频作品，就是在电影作品的基础上进行剪辑,将其中经典的内容提炼出来,并配上自己对电影作品独特的解说,从而吸引了大量粉丝点赞、评论,如图3-36所示。

图3-36 通过搬运法创作的短视频作品

> **提示** 需要特别注意不管是搬运平台内的视频作品,还是平台外的视频作品,运营者都不可直接搬运过来就发布,一定要进行适当的改编后再发布,否则会被抖音平台判定为违规视频,对其进行限流。

(2)模仿法

模仿法就是根据抖音平台上已经发布过的热门短视频,照葫芦画瓢打造属于自己的短视频内容。选择模仿法创作短视频时,一定要选择抖音平台上的热点内容进行模仿,因为只有热点内容才更容易获得用户的关注。

例如,抖音平台上最近比较火的"榴莲盲盒"话题,就吸引了不少短视频创作者纷纷去拍摄开榴莲的视频,如图3-37所示。这一类的短视频就是利用平台热点,运用模仿法来创作的短视频作品。

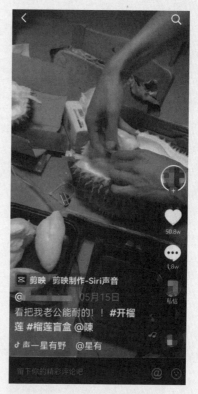

图 3-37 通过模仿法创作的短视频作品

(3) 扩展法

扩展法就是在他人作品的基础上适当延伸,从而创造出新的内容。例如,某著名电影中的经典台词,经常被人用来创作新的短视频内容,虽然同样引用了这句经典台词,但剧情和主题却与电影内容完全不同,这就是一种全新的内容延伸,如图 3-38 所示。

(4) 嵌套法

嵌套法就是借助其他视频作品的模板来打造视频内容。这种内容打造方式的优势在于,创作者只需要将自己的一些视频元素,比如人物、背景、台词等嵌入模板中,即可快速打造出一条新的短视频作品。

例如,下面这两条短视频作品,它们的剧情大致相似,都是讲述一个黏人的闺蜜在你上厕所的时候不断地给你塞纸条,但是视频人物不同,背景等也有一定的差异,如图 3-39 所示。

图 3-38 通过扩展法创作的短视频作品

图 3-39 通过嵌套法创作的短视频作品

（5）反差法

反差法就是通过分析用户的认知差异，创作差异性的视频内容，让用户在观看视频的时候能够获得反差体验。例如，下面这两条短视频作品，展示的是警察跳舞的内容，在大家的印象中，警察是一个认真严肃的职业，没想到视频中的警察却展现出了非常可爱的一面，从而带给用户巨大的形象反差，收获了众多用户的点赞和评论，如图 3-40 所示。

图 3-40　通过反差法创作的短视频作品

第 4 章
拍摄短视频

策划好短视频内容后,接下来就进入了短视频的拍摄阶段。只有将策划好的短视频内容通过镜头展现出来,才能体现出内容的价值,从而吸引更多用户的关注。要想在短时间内拍摄出精彩的短视频作品,运营者们就需要掌握一些短视频拍摄的技巧和要点,以提高短视频拍摄的效率与质量。

4.1 短视频的拍摄基础

短视频的质量是短视频运营的基础,而短视频的拍摄将直接决定短视频质量的好坏。要想拍摄出效果出众的短视频作品,运营者们就需要认真掌握短视频的拍摄流程、短视频的构图原则、短视频的拍摄要点等。

4.1.1 抖音短视频的拍摄流程

抖音短视频的拍摄流程较为简单,主要分为两部分,第一部分是选择背景音乐,第二部分是拍摄与上传短视频。一个完整的短视频制作过程,还包含前期的内容策划,以及后期的剪辑加工。这里主要为大家介绍抖音短视频拍摄部分的制作流程。

1. 选择背景音乐

抖音最早是今日头条孵化的一款音乐创意短视频社交软件,所以,抖音平台非常重视热门音乐作品的推广。运营者拍摄的短视频作品,如果能有抖音热门音乐的加持,就会大大提高作品上热门的概率。

拍摄短视频的第一步,就是根据视频风格和主题方向选择合适的背景音乐。在选择背景音乐时,考验的是运营者对音乐的理解和对节奏的把控。短视频的背景音乐需要和内容高度匹配,并具有一定的节奏感。

第4章 拍摄短视频

拍摄抖音短视频有一个必备技能,就是听足够多的网红歌曲,从而找到灵感,为自己的短视频作品添加最合适的背景音乐,使视频作品能够如虎添翼。

除了直接搜索背景音乐外,运营者还可以通过抖音的音乐热搜榜来查找热门背景音乐。打开抖音 App,点击页面右上角的"搜索"按钮,进入"抖音搜索"界面,选择"音乐榜"并点击音乐榜下面的任意一首歌曲,如图 4-1 所示,即可查看最新的抖音音乐榜,如图 4-2 所示。在抖音音乐榜中,点击任一单曲后面的 ■ 按钮,即可进入跟该单曲相关的视频汇总界面,如图 4-3 所示。

图 4-1 "抖音搜索"界面　　图 4-2 抖音音乐榜　　图 4-3 单曲相关的视频汇总界面

2. 拍摄与上传短视频

在抖音平台上,上传视频作品的方法有两种:一种是直接拍摄上传,另一种是本地视频上传。其中,本地视频上传方法比较简单,就是选择已经制作好的视频作品直接上传到抖音平台进行发布。这里主要介绍直接拍摄上传的操作方法。

(1)打开抖音 App,点击页面下方的"➕"按钮,进入拍摄界面,选择一个合适的背景音乐,如图 4-4 所示。

(2)选择好背景音乐后,返回拍摄界面,点击"快慢速"按钮,设置拍摄速度,如图 4-5 所示。

图 4-4 抖音拍摄界面

图 4-5 设置拍摄速度

（3）在拍摄界面点击"滤镜"按钮，进入滤镜设置界面，根据拍摄对象选择合适的滤镜，如图 4-6 所示。

（4）在拍摄界面点击"美化"按钮，进入美化效果设置界面，美化效果主要是针对人物的调整，包括美颜、风格妆和美体 3 类效果设置，如图 4-7 所示。

（5）在拍摄界面点击"倒计时"按钮，拖动页面右侧的拉杆可以设置视频暂停位置，如图 4-8 所示。

（6）抖音拍摄的作品类型包括照片、视频和文字，这里以拍视频为例进行讲解。另外，视频的拍摄方式包括分段拍、快拍、影集和开直播，通常选择快拍方式来拍摄视频即可。在拍摄界面点击红色的拍摄按钮开始拍摄，再次点击则结束拍摄，如图 4-9 所示。

图 4-6 滤镜设置界面

图 4-7 美化效果设置界面

图 4-8 设置视频暂停位置

图 4-9 拍摄视频

> **提示**
> 在拍摄界面，点击"翻转"按钮，可以切换前后摄像头，通常情况下，除了自拍外，都使用后置摄像头。点击"闪光灯"按钮，可以切换闪光灯的开关状态，建议在弱光灯环境下拍摄视频时开启闪光灯功能。

（7）视频拍摄完成后，可以进行简单的剪辑处理，如剪裁、添加文字、添加贴纸、添加特效等，确认无误后点击"下一步"按钮，如图4-10所示。

（8）进入作品发布设置界面，设置标题、选择封面、添加话题和地址，完成后点击"发布"按钮即可发布短视频作品，如图4-11所示。

图 4-10　视频拍摄完成

图 4-11　发布视频

4.1.2　短视频构图的基本原则

构图是视频拍摄的基本技巧之一，是对视频画面中各个元素进行组合、调配，从而更好地展现作品的主题与美感。在拍摄视频时必须要有一个主体，而构图的目的就是将视频的兴趣中心点引到主体上，给人以最大程度的视觉吸引力。同样的事物，从不同的角度拍摄就会有不同的构图。通常，短视频的构图应遵循以下6个原则。

1. 主体明确

突出主体是对画面进行构图的主要目的,而主体往往又是表现视频主题和中心思想的主要对象。因此,在拍摄短视频时,要将主体放在醒目的位置。依据人们的视觉习惯,将主体置于视觉中心位置,更容易突出主体。

例如,某美食类抖音账号,每次拍摄的短视频作品都是直接将拍摄主体放在画面中最醒目的位置,如图4-12所示。

图4-12 主体明确的视频画面示例

2. 陪体衬托

如果画面中只有主体而没有陪衬,那么整个视频画面给人的感觉就会十分呆板。因此,在拍摄短视频时,拍摄者要学会选择合适的陪衬物体,来衬托主体的存在。不过,陪体的作用是衬托主体,所以在拍摄时要注意,陪体不能喧宾夺主,抢了主体的视线。

例如,描述烛光晚餐的短视频作品中,通常拍摄者会将作为视频主体的餐食放在画面中间的位置,旁边则摆放蜡烛、餐具、绿植等陪衬物体,用于衬托主体,营造浪漫氛围,如图4-13所示。

图 4-13 陪体衬托的视频画面示例

3. 环境烘托

在拍摄短视频时，将拍摄对象置于合适的场景中，不仅能突出主体，还能增加视频画面的真实感，给人一种身临其境的感觉。例如，拍摄荷塘美景的短视频作品，拍摄者以一池无边的翠绿荷叶作为背景，用特写镜头来展现盛开的荷花，让观众感觉自己仿佛真的置身于这千亩荷塘中，诗情画意的感觉瞬间就被这样的环境烘托出来了，如图 4-14 所示。

4. 画面简洁

拍摄短视频时，选用简单、干净的背景，不仅能增加画面的舒适度，而且能避免观众对主体注意力的分散。如果遇到杂乱的背景，可以采取放大光圈的办法，虚化背景，以突出拍摄主体。或选择合适的角度进行拍摄，避开杂乱的背景，这样也可以突出拍摄主体。

例如，下面这两个短视频作品的画面就显得非常简洁、干净，很好地突出了拍摄的主体人物，如图 4-15 所示。

图 4-14 环境烘托的视频画面示例

图 4-15 画面简洁的视频画面示例

5. 追求形式美

短视频构图应发挥摄影自有的艺术表现力，充分利用画面中的元素实现"点、线、面"的结合，从而增强视频画面的美感。例如，下面这两个展示茶具的短视频作品，就利用"点、线、面"的结合，使整个视频画面充满了形式美，如图4-16所示。

图 4-16 追求形式美的视频画面示例

6. 前景与背景的处理

前景与背景都是视频画面中的重要组成部分，一般而言，位于主体之前的景物为前景，位于主体之后的景物为背景。前景能增加画面的层次感，背景则是影像的重要组成部分。在构图时，如果前景与背景处理得恰到好处，不仅能渲染主体，而且能使画面富有层次感和立体感。

例如，某美食类短视频账号，每次在拍摄播主享用美食的画面时，都是直接以餐馆的环境作为背景，以美味的菜品作为前景，将人物（主体）很好地融入环境，让人觉得既真实又具有吸引力，如图4-17所示。

图 4-17 前景与背景处理得当的视频画面示例

4.1.3 短视频的拍摄要点

拍摄出来的短视频作品,要想成功吸引粉丝的关注,从开始的内容策划到最后的作品剪辑成形,都要进行严格的细节把控,这样制作出来的短视频作品才能达到最好的效果。下面就为大家介绍一下短视频的拍摄要点,以帮助短视频运营者拍摄出好的视频效果。

1. 拍摄前确定好短视频的内容风格

一般来说,在短视频拍摄之前,运营者就应该明确视频内容的整体构思,确定短视频的内容风格。运营者需要根据自己的账号特点和自身优势来确定账号的内容风格,比如是卖萌耍酷,还是才艺展示,或者是幽默搞笑。

2. 掌握平稳运镜的技巧

运镜,是指在拍摄视频的过程中,通过镜头转换让镜头中的画面运动起来。在拍摄短视频时,如果镜头快速运动,视频画面就可能出现抖动的情况,这样会极大地影响用户的观看体验。

在拍摄短视频时,大多数人都是用手控制拍摄设备,或者直接手持设备拍摄视频。为了让短视频的画面显示更为平稳,运镜时拍摄者最好能够将手臂伸直,将自己的手臂想象成一个机械臂。在运镜过程中移动拍摄设备的幅度不要太大,这样才能保持平稳地运镜,使视频画面更加流畅。

在抖音平台上有许多关于短视频运镜的教程,如图4-18所示,运营者可以跟着这些热门的运镜教程进行学习,努力练习平稳运镜的基本功,有朝一日定能拍摄出画面清晰、流畅的短视频作品。

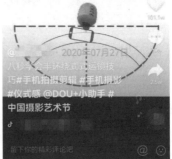

图4-18 抖音上的运镜教程

3.把握短视频的音乐节奏

抖音平台上的短视频作品都有一个共同的特点,就是节奏感很强。在抖音发展的早期,平台上常见的玩法有两种:一种是录制唱歌类的短视频;另一种是跟随节奏感强的音乐表演舞蹈,摆出各种搞笑动作等。因此造就了一大批抖音红人。

抖音平台的主打玩法就是伴着选好的音乐录制短视频。因此,音乐的节奏在短视频中占有很重要的地位。短视频节奏的把握非常重要,运营者可以通过动作、转场等手段来卡节拍,只要节拍卡得好,视频就能获得很好的效果。运营者需要多观察抖音的热门视频,借鉴他们的经验来提高自己作品的质量。下面为大家介绍两个把握短视频音乐节奏的小技巧,以供运营者参考。

➢ 尽量把动作放在音乐节奏的重音上面。
➢ 挑选和视频内容相符的音乐。

例如,如果音乐中有开枪的声音,视频人物就需要相应做出打枪的手势;如果有翻书的声音,视频人物也需要跟着做翻书的动作。当然,声音和动作不一定要完全一致,也就是说翻书的声音不一定匹配翻书的动作,也可以匹配其他动作,关键是要配合着音乐来卡动作。

4. 转场时参照物保持不变

在抖音平台上可以分段拍摄视频,其中段落与段落之间、场景与场景之间的过渡或转换就叫作转场。比如,抖音平台上经常看到的变装或化妆等内容的短视频作品中,就需要运用转场技巧,如图4-19所示。

图4-19 需要运用转场技巧的短视频作品

在拍摄短视频时,最常用的转场方法就是用手或其他顺手的东西遮挡镜头,等镜头切换好,再挪开镜头前的遮挡物即可。这种方法简单易学,非常适合化妆类短视频内容的转场,具体的操作方法:先拍摄一段人物画面,然后用手遮挡镜头并暂停拍摄；接着继续完成相应妆容，然后再一次用手遮挡镜头，并点击继续拍摄；最后将手挪开，继续拍摄化妆后的人物画面效果。

在拍摄转场视频时，除了要变换的东西外，其他参照物尽量保持不变。如果参照物是人，那么这个人的表情、动作、拍摄角度及在画面中的所占比例都要尽量不变。如果想切换背景，就以上一个场景的最后一个动作作为下一个场景的开始动作来继续拍摄。

5. 善于利用小道具和特效

除了前期的拍摄外，视频的呈现效果还取决于后期各种小道具和特效的运用，所以要想打造出高品质的短视频作品，就一定要掌握各种后期玩法，善于运用各种道具、特效和滤镜来提高短视频的质量和品位。

进入抖音拍摄界面，点击左下角的"道具"按钮，展开道具菜单，创作者可以根据视频内容或自己的喜好，选择相应的道具类型，如图4-20所示。

拍摄好视频后，点击"特效"按钮，进入"特效"界面，按住相应的特效按钮，视频会自动开始播放，松开按钮后这段视频会添加上该特效，重复执行该操作，可继续为视频添加其他特效，如图4-21所示。

图4-20　运用小道具拍视频

图4-21　为视频添加特效

除了道具和特效外,滤镜也能为视频带来意想不到的效果。道具、特效和滤镜的正确配合不仅能对视频起到很好的点缀和优化效果,而且能掩盖拍摄中的瑕疵。

4.2 爆款短视频的拍摄技法

短视频的拍摄与长视频的拍摄有一定的差异,拍摄者需要根据短视频的特点来拍摄和创作短视频作品。在拍摄短视频的过程中,拍摄者需要通过一定的技巧和方法使拍摄出的短视频作品达到最佳的呈现效果。下面就为大家详细介绍爆款短视频的拍摄技法。

4.2.1 短视频构图的常用方法

短视频的构图方法与拍摄照片的方法相似,在构图时都需要对拍摄对象进行恰当的位置摆放,使画面更具美感和冲击力。在短视频拍摄过程中常用的构图方法主要有6种,如图4-22所示。

图4-22 短视频构图的常用方法

1. 中心构图法

中心构图法是视频拍摄中最常用的一种构图方法,就是将拍摄对象放置在相机或手机屏幕的中心进行拍摄。中心构图法能够有效突出画面重点，明确视频主体，让观众快速将目光锁定在视频主体上。中心构图法多应用于美食制作、吃播、达人秀等类型的短视频作品中，如图 4-23 所示。

2. 前景构图法

前景构图法是指在拍摄时利用拍摄对象与镜头之间的景物进行构图。前景构图法可以增加视频画面的层次感，使视频画面内容更加丰富，同时又能很好地展现视频的拍摄对象。常见的构图前景有花草、玻璃等，如图 4-24 所示。

图 4-23　中心构图法示例　　　　图 4-24　前景构图法示例

3. 景深构图法

景深是指在聚焦完成后，焦点前后的范围内呈现的清晰图像的距离。简单来说，在构图时，当聚焦某一物体，该物体从前到后的某一段距离内的景物是清晰的，而其他地方则是模糊的，这段清晰的距离便叫作景深。景深构图法可以增强视频画面效果的对比，并突出主体元素，如图 4-25 所示。

镜头光圈、镜头焦距、镜头与拍摄主体的距离是影响景深的 3 个重要因素，在景深构图法中，拍摄者通常会利用手机或相机的光圈功能来控制景深。

光圈是拍摄设备镜头内用来控制光线透过镜头进入机身内感光面光量的装置。光圈的作用在于控制镜头的进光量，光圈大小用F值来表示，在快门不变的情况下，F值越大，光圈越小，进光量越少，景深越深，背景就会越清晰；反之，F值越小，光圈越大，进光量越多，景深越浅，背景就会越模糊。

> **提示**　光圈与光圈值不同，F值即为光圈值，二者呈反比例关系，大光圈的镜头，F值小；小光圈的镜头，F值大。

4. 仰拍构图法

仰拍构图法是指利用不同的仰拍角度进行构图，仰拍的角度一般可以分为30°、45°、60°、90°等。

仰拍角度不同，拍摄出来的视频效果也会有所差异。其中，30°仰拍能让拍摄主体显得庄严；45°仰拍能够突显拍摄主体的高大；60°仰拍能够使拍摄主体看上去更加高大；90°仰拍时摄像头与水平面垂直，镜头处于拍照主体的中心点正下方。例如，不少短视频作品中，拍摄者会通过90°仰拍来拍摄树木，从而营造一种梦幻迷离的感觉，如图4-26所示。

图4-25　景深构图法示例

图4-26　仰拍构图法示例

> **提示** 在采用仰拍构图法时，不一定非要精确到30°、45°、60°、90°再拍摄，拍摄者可以先试拍，找出仰拍效果最好的角度，再根据视频需要的画面效果进行拍摄即可。

5. 光线构图法

短视频的拍摄离不开光线，光线对视频效果起着十分重要的作用。合理运用光线，可以让视频画面呈现出不一样的光影效果。例如，某短视频作品中，采用光线构图法拍摄手撕牛肉，通过光线将手撕牛肉的色和型完美地体现了出来，使观众仿佛隔着屏幕都能闻到扑鼻的牛肉香味，如图4-27所示。

在短视频拍摄过程中，常用的光线有4种，分别是顺光、逆光、顶光及侧光。

➢ 顺光是拍摄中最常用的光线，光线来自拍摄对象的正面，能够让拍摄对象很清晰地呈现出自身的细节和色彩，从而进行一个全面的展现。

➢ 逆光来自拍摄对象的背面，这是一种极具艺术魅力和表现力的光线，可以完美地勾勒出拍摄主体的线条，但是这种光线容易使拍摄主体出现曝光不足的情况。

图4-27 光线构图法示例

➢ 顶光来自拍摄对象的正上面，最常见的就是正午时分的阳光，光线垂直地照射在物体上，物体下方会出现阴影。

➢ 侧光来自拍摄对象的侧面，因此会出现一面明亮一面阴暗的情况，采用侧光构图拍摄短视频可以很好地体现出立体感和空间感。

6. 黄金分割构图法

"黄金分割"是古希腊人发明的几何学公式，遵循这一规则进行短视频构图，能够使视频画面看上去更加和谐。许多专业的摄影师都是以黄金分割构图法作为他们现实创作中的指导方针。

黄金分割构图法的基本理论来自黄金比例"1∶1.618"，这个黄金比例的主要用意是表达"和谐"，所以在短视频作品中引入黄金分割比例可以使视频画面看上去更加自然、舒适。在摄影构图中，黄金分割比例的表达方式有很多种，最常用的黄金分割构图法就是黄金螺旋构图法和黄金九宫格构图法。

黄金螺旋是利用斐波那契数列的各数字作为长度，组成为一个个的正方形，根据正方形的对角点画一个90°的扇形，连起来就会形成一条具有黄金比例的螺旋线，引领受众以最自然的方式欣赏框架内的画面，如图4-28所示。

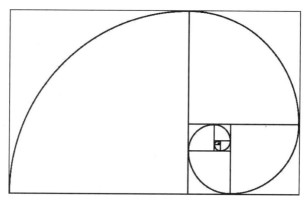

图4-28 黄金螺旋构图法的示意图

九宫格构图又被称为井字形构图，是黄金分割构图方式的一种演变形式。简单来说，黄金九宫格构图法就是用横向和竖向各3条线把画面平均分成9块，中心块上4个角的点就是画面的黄金分割点，用任意一点的位置来安排拍摄主体都会让画面看上去更和谐，如图4-29所示。

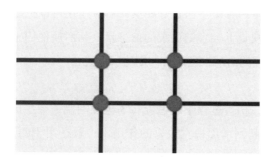

图4-29 黄金九宫格构图法的示意图

> **提示**
> 与黄金九宫格构图法相似的还有三分构图法，三分构图法同样也是黄金分割构图方式的一种演变形式，是指把画面横向或竖向平分为3个部分，将拍摄主体置于三分线上的一种构图方式。这种构图方式通常表现为水平或竖直的形态，其优点在于表现鲜明、构图简练。

4.2.2　6种常用的运镜技巧，让拍摄变得更精彩

在短视频的拍摄过程中，如果使用固定机位进行拍摄，难免会使画面显得有些单调。为了满足不同场景下的视频拍摄需求，让视频画面更加丰富，拍摄者往往需要运用一些运镜技巧，让视频动起来，从而增加视频的代入感。常用的短视频运镜技巧有6种，分别是前推运镜、后拉运镜、旋转运镜、环绕运镜、平移运镜和摇移运镜，如图4-30所示。

图4-30　6种常用的运镜技巧

1. 前推运镜

前推运镜是最简单、最常用的运镜技巧，是指在拍摄时，镜头向前推动，从远到近进行拍摄，使拍摄场景由大到小。随着镜头与拍摄主体逐渐靠近，画面外框逐渐缩小，画面内的景物逐渐放大。前推运镜可以呈现由远及近的效果，能够很好地突出拍摄主体的细节，主要适用于人物和景物的拍摄。例如，在拍摄花海的短视频时，镜头向前推，可以给观众营造出一种仿佛自己就置身于花丛中的感觉，身边每一株花草的细节都清晰可见。

2. 后拉运镜

后拉运镜是指在拍摄时，镜头向后拉动，从前向后进行拍摄，使拍摄场景由小到大，与前推运镜的拍摄手法正好相反。后拉运镜可以把观众的注意力由局部引向整体，观众在视觉上会容纳更大的信息量，从而使他们感受到视频画面的宏大。通常在拍摄壮丽的山河景色时会使用这一运镜技巧。

3. 旋转运镜

旋转运镜是指在拍摄过程中通过旋转手机或围绕一个主体进行旋转拍摄。该运镜技巧主要能够起到增加视觉效果的作用，一般运用于两个场景之间的过渡，拍出天旋地转和时光穿越的感觉。比如，拍摄从黑夜切换到第二天的白天画面，中间就可以使用旋转的镜头来作为转场的过渡。

4. 环绕运镜

环绕运镜是指围绕拍摄主体进行环绕拍摄。这种运镜技巧能够突出主体、渲染情绪，让整个画面更有张力，带给观众一种巡视般的视角，比较适合空间和场景的叙述和渲染，常见于拍摄建筑物、雕塑物体或特写画面等。

在使用环绕运镜技巧拍摄短视频时,最好使用辅助稳定器,匀速拍摄出一镜到底的效果。可以横向环绕拍摄,也可以纵向环绕拍摄,不过要将拍摄主体置于画面中心,注意保证拍摄设备与拍摄主体的等距,保持匀速稳定拍摄即可。

5. 平移运镜

平移运镜是指从左向右或从右向左平行移动拍摄,拍摄出来的画面会给观众一种巡视或展示的感受。这种运镜技巧常用于拍摄大型场景,因为平移拍摄可以记录更多场景和画面,使静止的画面呈现出运动的视觉效果。

6. 摇移运镜

摇移运镜也称为"晃拍",是指上下或左右摇晃镜头进行拍摄。这种运镜技巧常被应用于特定的环境中,通过镜头的摇晃拍出模糊和强烈震动的效果,比如精神恍惚、失忆穿越、车辆颠簸等。

其实运镜的技巧还有很多,比如跟随运镜、升降运镜、俯视运镜等。在实际的拍摄过程中,这些运镜技巧需要相互配合,穿插使用,使视频画面看上去更加丰富。如果想让镜头运动得更稳,可以为拍摄设备添置一个稳定器。

4.2.3 用手机拍摄高品质的短视频

对于初入短视频行业的人而言,使用手机拍摄短视频是个不错的选择。如今的智能手机像素普遍较高,而且价格较低、易于携带,不仅能够轻松拍摄出画质清晰的短视频,还能直接剪辑、分享短视频,完成短视频制作的全链路。因此,短视频运营应该熟悉手机拍摄的基本设置和拍摄技巧,以便拍摄出更多高品质的短视频作品。

1. 设置手机分辨率,保证视频质量高清

如果想用手机拍出高清视频,在拍摄之前,一定要将手机拍摄功能中的视频分辨率和视频帧率设置好。通常视频分辨率和视频帧率越高,视频的清晰度和精准度就越高,视频画质的效果也就越好。在设置时,视频分辨率建议选择1080p,视频帧率建议选择60fps,如果手机内存较大,视频分辨率也可以选择4K画质的。某手机的视频分辨率和视频帧率设置页面如图4-31和图4-32所示。

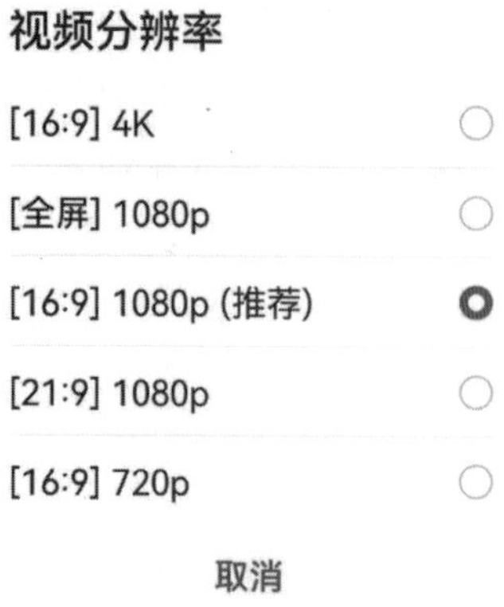

视频分辨率

[16:9] 4K
[全屏] 1080p
[16:9] 1080p (推荐) ●
[21:9] 1080p
[16:9] 720p

取消

图 4-31 视频分辨率设置页面

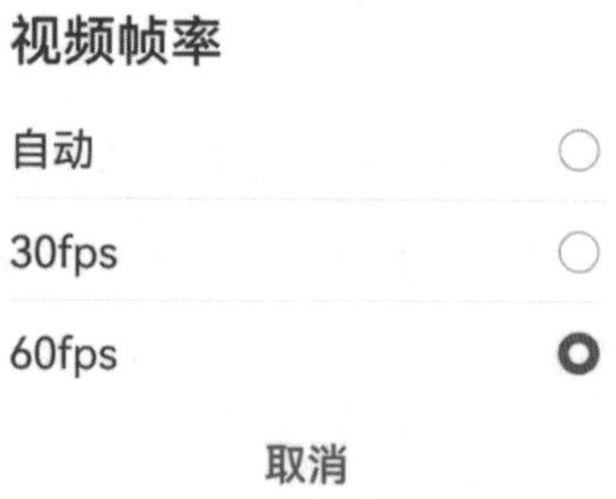

视频帧率

自动
30fps
60fps ●

取消

图 4-32 视频帧率设置页面

2. 锁定对焦、调整曝光度，保证视频画面品质

在拍摄过程中，常常会因为环境变化导致曝光度不足或过度，以及对焦不准确等问题。如图 4-33 所示，镜头中出现了曝光过度的问题。

为了避免这些问题，保证拍摄画质的清晰，拍摄者在拍摄前需要先锁定曝光和对焦。具体的操作方法：进入拍摄界面，点按屏幕选择焦点（拍摄的对象），即可锁定曝光和对焦，接着可以上下滑动调整画面的亮度和曝光度，如图 4-34 所示。

图 4-33 曝光过度的画面

图 4-34 锁定曝光和对焦

3. 使用手机"参考线"功能辅助构图，让视频画面更加和谐

并不是只有专业的摄影师才能拍摄出精彩的视频效果，普通的短视频创作者利用合适的构图方法也可以拍摄出令人印象深刻的短视频作品。前面曾提到黄金分割构图法能够使视频画面呈现出一种和谐的美感，其实在很多智能手机上都有"参考线"功能，该功能可以轻松辅助拍摄者运用九宫格构图法和三分构图法进行构图。开启"参考线"功能后，将拍摄主体置于4个黄金分割点上进行拍摄，通常就能获得较好的视频构图效果，如图4-35和图4-36所示。

图4-35 开启"参考线"功能

图4-36 利用"参考线"辅助构图

4.3 卖货短视频的拍摄

随着短视频的高速发展，短视频逐渐成为电商行业不容忽视的营销方式，也是不少商家公认的带货利器。一条优质的卖货短视频能够有效延长消费者的停留时间，从而促进转化。下面就为大家详细介绍卖货短视频的拍摄方法和技巧。

4.3.1 卖货短视频的拍摄形式

短视频具有很大的带货潜力，如果商家能运营好抖音短视频，充分发挥其带货功能，刺激用户的消费欲望，就可获得十分可观的收益。卖货类短视频主要有3种拍摄形式，分别是场景化拍摄、讲解式拍摄和情景剧拍摄，如图4-37所示。

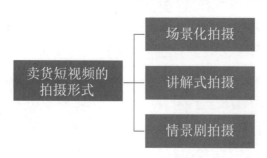

图4-37 卖货短视频的拍摄形式

1. 场景化拍摄

场景化拍摄主要拍摄的是商品的使用场景。任何商品都有使用场景。因此，场景化拍摄的本质就是通过一系列商品使用场景的展示，让用户觉得，在这样的场景下，自己也能用到这款商品，也能通过使用这款商品获得好处，从而激发他们的购买欲望。

例如，某短视频作品为用户推荐了几款卫生间的实用小物件，拍摄地点直接选择在卫生间，最真实地为用户还原了商品的使用场景，如图4-38所示。

2. 讲解式拍摄

讲解式拍摄就是在视频画面中展示商品，通过音频和字幕来讲解商品的卖点、功能等，可以不用真人出境。例如，某短视频作品中介绍了一款室内香薰商品，镜头中播主只是用双手展示商品，真人并未出境，然后通过声音和字幕介绍商品，首先点出了目标消费者的痛点，接着讲解了商品的卖点和使用方法等，如图4-39所示。

3. 情景剧拍摄

情景剧形式的卖货短视频，抖音平台上很常见，如图4-40所示。拍摄这种形式的卖货短视频，其关键在于情节的设置要有足够的吸引力，将用户不自觉地带入情景中，使他们对视频中出现的商品产生浓厚的兴趣。新手们可以先尝试着翻拍或是改编热门创意，熟练后再进行独立策划。

图 4-38　场景化拍摄示例

图 4-39　讲解式拍摄示例

图 4-40 情景剧拍摄示例

4.3.2 卖货短视频的拍摄技巧

抖音上很多用户在观看短视频的时候，都是处于一种放松、随机、无意识的状态，在这种状态下，他们很容易就会接受短视频中植入的各种广告信息。因此，短视频运营者想要拍摄卖货短视频，就需要掌握一定的拍摄技巧，巧妙地将广告信息植入短视频中。

1. 展示商品

很多商品都具有自己独特的卖点，面对这些创意性和话题性很强的商品，或者自带话题性的商品，运营者可以直接通过抖音短视频来展示商品的神奇功能。例如，某短视频作品展示了某品牌新款手机的一个神奇功能，会让用户觉得该手机的确有过人之处，从而给用户提供了一个购买该手机的理由，如图 4-41 所示。

这种营销方式非常适合那些创意十足、功能新颖的电商商品，比如，好玩的饭团工具、会跳舞的太阳花、相吸手绳等，这些都是由短视频带火的电商爆款商品。

图 4-41　展示商品的神奇功能

对于那些创意点不是很多的商品,运营者可以放大商品的优势,将商品自身的特征通过夸张的手法呈现出来。怎么放大商品的优势呢?主要是在拍摄时,对商品的功能特征进行创意表现,以加深用户对商品的记忆。

例如,某短视频作品中,一位胡子拉碴,看上去十分邋遢的小伙子,因为被前女友嫌弃形象太差,前来求助形象设计大师,形象设计大师为他推荐了一款剃须刀,该小伙使用过后瞬间变得帅气十足,如图 4-42 所示。通过视频前后小伙子形象的对比,会让用户自然而然地将小伙子变帅归因于剃须刀。这样一来,该剃须刀商品的优势就被放大了,很容易给用户留下深刻的印象。

2. 创意段子

运营者在策划短视频广告的内容时,可以围绕商品本身的功能和特点,结合创意段子,对商品进行全新的展示,通过打造形式新颖的短视频内容来刺激用户的购买需求。

例如,某短视频作品中引用了一个女孩去男友家吃饭的段子,视频中展现了女孩在面对男友妈妈的考验时,给出了堪称教科书式的高情商回答,以此来告诉用户掌握高情商的沟通技巧很重要,并借此为用户推荐了一本关于说话技巧的图书,从而刺激用户的购买需求,如图 4-43 所示。

图 4-42 放大商品的优势

图 4-43 策划创意段子,刺激购买需求

3. 分享干货

知识干货类的短视频在抖音上非常受欢迎，因为这类短视频不仅讲解清晰，还能让用户在短时间内学到一些实用的知识和技巧，那么用户自然很愿意分享和点赞这类短视频作品。

例如，某手机品牌抖音账号经常会发布干货类的短视频作品，为用户介绍手机的使用小技巧，如图 4-44 所示。

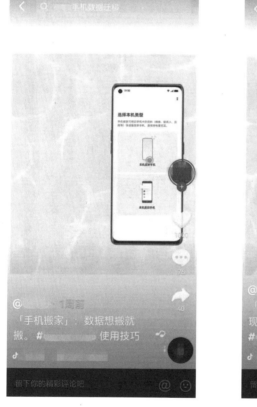

图 4-44 分享干货的短视频示例

4. 场景植入

场景植入就是在短视频的场景中适当植入需要宣传的商品或品牌 Logo 等，起到一定的宣传效果。其实，短视频中的场景植入，就像我们平时看电视剧或电影的时候，背景中会出现的商品广告一样。比如，一条美食教学类的短视频作品中，可以在桌上放置需要宣传的商品，或者在背景中放置品牌的 Logo。

例如，某电器品牌抖音账号发布的短视频作品中，并没有刻意去介绍商品，只是借助场景展示了该品牌的空调、洗衣机等商品，用户可以在视频中看到明显的品牌 Logo，很容易辨识出视频中的商品是哪个品牌的，如图 4-45 所示。

图 4-45　场景植入的短视频示例

5. 口碑营销

商品到底好不好，可能商家说好，并不一定是真的好，消费者往往更注重的是商品或品牌的好口碑。运营者可以在短视频中展示用户的体验和商品的口碑，从侧面呈现商品的好品质。比如，为了呈现商品或品牌的好口碑，运营者可以在短视频中展示消费者排队抢购、消费者的笑脸、店铺中的各种优质服务等场景画面。

例如，某短视频作品中，展示了某火锅店排队火爆的场景，在拍摄店内环境的时候，用户看到的场景是高朋满座，如图 4-46 所示。这种短视频就是从侧面提醒用户，这家店人气火爆，是一家网红火锅店，以吸引更多的消费者到店用餐。

第4章 拍摄短视频

图 4-46 口碑营销的短视频示例

4.3.3 卖货短视频拍摄的注意事项

卖货短视频是商家展示自家商品的一个重要窗口，其目的在于让客户更直观、立体地了解商品，从而促成交易。下面我们一起来看看拍摄卖货短视频有哪些注意事项。

1. 注重商品的真实感

真实感可以拉近商家和客户之间的距离。短视频相对于文字描述，更加直观、立体、真实，客户往往能在观看短视频的过程中，就做出是否需要购买该商品的决定。以短视频作品中展示的连衣裙为例，通过模特试穿，在短短一分钟内就将连衣裙的款式效果、细节等全面地展示了出来，正因为如此，该款商品的销售量也非常高，如图 4-47 所示。

图 4-47　某短视频作品中展示的连衣裙商品

2. 注重商品的亮点

商品的亮点往往是客户决定是否购买该商品的关键因素之一。因此，在拍摄商品短视频时，可以从不同方面来呈现商品的亮点，直达客户的内心。

例如，某短视频作品中展示的纯棉四件套商品，将商品的柔软度、设计高级等亮点呈现在用户面前，而这些亮点恰好是很多用户在购买纯棉四件套商品时会重点考虑的问题，所以该商品自然能获得不错的销量，如图 4-48 所示。

3. 控制短视频的播放时长

常见的商品短视频，其播放时长大多在 1 分钟以内。短视频是商家展示商品的重要窗口，在拍摄商品短视频时，运营者一定要注意控制短视频的播放时长，用最短的时间展示出商品的细节和亮点，让消费者可以快速了解商品，这样他们关注、购买商品的可能性才会比较大。一旦商品短视频的播放时长过于冗长，用户就很容易失去观看的耐心。

图 4-48 某短视频作品中展示的纯棉四件套商品

4. 避免在拍摄过程中机内剪辑

什么叫作机内剪辑？就是在拍摄短视频的过程中边拍摄边剪辑。有的运营者为了节省时间，会借助拍摄设备中的剪辑功能，边拍摄边剪辑，这样往往会导致视频画面出现不流畅的情况，从而影响商品的展示效果，让用户质疑视频的真实性。所以，大多数的商品短视频，都是先拍摄素材，然后再进行剪辑，从而合成一个流畅的视频，将商品清晰地在视频中呈现出来。

4.3.4 不同类型商品短视频的拍摄要点

随着短视频市场的不断扩大，短视频种类也变得更加丰富多样，就商品短视频而言，就可细分为展示类、制作类、评测类、开箱类、产地采摘/装箱类等短视频类别。不同类别的短视频，有不同的拍摄要点，运营者只有掌握这些拍摄要点，才能有效提高短视频拍摄的效率与质量，从而吸引更多用户的关注。

1. 商品展示类短视频的拍摄要点

要想商品展示类短视频能够吸引大量用户的关注，并引发用户的购买欲望，那么拍摄的视频内容就不能过于简单。商品展示类短视频需要运营者将商品放入一定的场景进行展示，或是融入一定故事情节，使视频内容看上去更加丰富饱满。

（1）营造合适的拍摄场景

商品展示类短视频只有在做到自然、生动等情况下，才能有效地打动观众。要保证拍摄出来的短视频自然、生动，最好的办法就是为商品选择一个适合的场景，最好能击中用户的痛点。例如，某短视频作品中展示的自热饭盒商品，运营者为其选择的场景就是在户外没电没热水的情况下，坐在车内就可以煮泡面，如图4-49所示。

（2）构思故事情节或融入生活技巧

除了适合的场景外，为了让短视频内容看上去更加丰富、有趣，运营构思一个故事情节引入商品，或是将商品展示融入一个生活小技巧中，这样的展示形式不仅新颖，而且具有一定的干货，更容易被用户接受。例如，某短视频作品中，在展示沙发商品之前，运营者特意编排了一段情侣为购买沙发而发生争执的小故事，如图4-50所示。

图4-49 营造合适的拍摄场景

图4-50 将商品展示嵌入小故事

2. 商品制作类短视频的拍摄要点

商品制作类短视频，主要是以美食类商品为主。在抖音平台上，关于美食制作的短视频是具有巨大市场潜力的，而这类视频的拍摄关键就是清晰地展示制作步骤，以及将最后的成果以最诱人的方式展现出来。

（1）灵活的拍摄手法

在拍摄商品制作类短视频时，一方面需要讲述制作步骤，另一方面需要展示成品。所以，在拍摄制作步骤时，通常是固定一个拍摄位置，对制作平台进行俯拍；而在拍摄成品时，可以采用移镜头进行拍摄。例如，某短视频作品中，分享了一款甜品的制作过程，其中就运用了移镜头的拍摄方法来展示制作好的成品，如图4-51所示。

（2）高颜值的道具配合

短视频在输出内容的同时，还要注重视频的美感。对于商品制作类短视频来说，其终极目的是让用户对商品或视频中使用的其他道具产生兴趣。所以，这类的短视频中的商品主体，以及与之配合的道具都需要具有较高的颜值，才能让用户产生浓厚的兴趣。例如，某美食短视频作品中，无论是美食本身还是装美食的盒子，以及一旁的其他道具，都十分精美，如图4-52所示。

图 4-51　灵活的拍摄手法

图 4-52　短视频中的高颜值道具

3. 商品评测类短视频的拍摄要点

商品评测类短视频的拍摄难度不算很高，但想要拍摄出优质的商品评测类短视频也并不容易。这类短视频的拍摄重点是播主测评的商品，在拍摄过程中，要全面展示该商品的外观、性能等，并增强视频内容的可信度。

（1）真人出镜

商品评测类短视频最好能够真人出镜，这样除了可以营造独特的个人风格、增加魅力、打造专属 IP 外，还可以增加视频内容的可信度。例如，某抖音账号的定位为"真实""不收商家费用"的商品测评，该账号几乎每条短视频作品播主都会真人出境对商品进行专业测评，所打造的个人形象也显得十分可靠、深入人心，如图 4-53 所示。

（2）运用合适的镜头

为了体现商品评测的客观性，在短视频作品中需要对评测商品进行全面的展示，同时配合播主的语言讲解。在拍摄商品评测类短视频时，既需要用全景镜头来展示测评商品的全貌，也需要用特写镜头展示测评商品的不同细节，以加深用户对商品的了解。多景别的结合能体现评测的全面性与缜密性，增加用户对内容的信服度。例如，某商品评测类短视频中的特写镜头，如图 4-54 所示。

图 4-53　真人出镜的商品评测类短视频　　图 4-54　商品评测类短视频中的特写镜头

4. 商品开箱类短视频的拍摄要点

商品开箱类短视频与商品测评类短视频在拍摄方面有许多相同之处。但是，开箱类短视频比评测类短视频多了一个开箱的环节，所以在拍摄商品开箱类短视频时，可以在开箱的过程中"做文章"，以增加视频的趣味性。

（1）加入"特色道具"

商品开箱类短视频着重于开箱这一过程，想要在开箱过程中玩出不一样的花样，可以策划比较有趣的开箱动作或加入开箱的"特色道具"。例如，某商品开箱类短视频作品，视频开始的旁白说着"小心翼翼地打开"，实际上播主在视频中的开箱动作却非常粗暴，用剪刀、电锯等工具将快递包裹打开，二者形成了趣味十足的反差，从而吸引了众多粉丝的关注，如图4-55所示。

图4-55　用"特色道具"开箱

（2）多角度光源拍摄

商品开箱类短视频通常运用固定机位，将商品放在展示台上，搭配真人出镜进行录制。在光线运用上，如果只运用单一顶光，那么播主和商品在视频画面中都会出现大块的阴影，影响最终的视觉效果。所以，建议拍摄者使用多种不同角度光源相结合的方法进行拍摄，使拍摄主体的每一个面都能被照亮，从而提升视频的质量。

5. 商品产地采摘/装箱类短视频的拍摄要点

产地采摘/装箱类短视频拍摄的商品一般以水果为主，特别是比较原生态的果园采摘类型，如图4-56所示。这类短视频要想达到好的拍摄效果，关键是拍出新意。

图4-56　商品产地采摘/装箱类短视频

（1）尽量使用长镜头

在产地拍摄采摘或是装箱的短视频，其中一大目的是向观众展示商品原产地的真实性，以及商品的新鲜度。如果短视频中出现过多的剪辑镜头，会使观众对商品的真实性和新鲜度产生怀疑。所以，在拍摄商品产地采摘/装箱类短视频时，应尽量使用长镜头，采用"一镜到底"的方式进行拍摄。

（2）对商品进行"加工"

在拍摄产地采摘/装箱类短视频时，让商品看起来更诱人，对销量会产生促进作用。当商品为水果时，拍摄者可以在拍摄前先擦干净水果上的灰尘，或是在雨后进行拍摄，这时水果上带有未干的水珠，会显得更加晶莹剔透和新鲜。拍摄者也可以人为制造出类似的效果，比如，在水果上洒上一些水珠等。

4.4 答疑解惑

1. 空镜头的妙用

空镜头,又称为"做空镜头""景物镜头",是指画面中没有人物的镜头。空镜头常用来介绍环境背景、交代空间、抒发人物情感、推进故事进展,有说明、象征等作用。空镜头主要分为两类,以景为主和以物为主,如图4-57所示。

以景为主	以物为主
• 多为表现环境 • 例如,高山、田野、草原等 • 既可以表现不同的风景地貌,又能表现时间和季节的变化	• 多为表现物体 • 例如,街道上的汽车,或是室内陈设、建筑等 • 既可以表现画面的氛围,又能引导观众的视觉

图 4-57 空镜头的分类

在短视频中,合理地运用空镜头,能够产生渲染意境、烘托气氛的艺术效果,又能调节视频的节奏。近年来,空镜头的运用已经成了视频创作者将抒情和叙事手法相结合、增加画面艺术张力的重要手段。

例如,某短视频账号发布的作品,在视频开头就经常运用空镜头,展现娇艳美丽的鲜花,从而营造出岁月静好的意境,如图4-58所示。

2. 延时拍摄技巧

延时拍摄也就是常说的定时摄影,属于一种特殊的摄影方法。它是以较低的帧率来拍摄图像或视频,然后再用正常或较快的速度播放视频画面的摄影技术。通过延时摄影可以呈现出平时用肉眼无法察觉的精彩景象,比如常见的风起云涌、日出日落、花朵绽放、星轨的视频画面,就是通过延时拍摄来完成的。下面为大家介绍几个延时拍摄的小技巧,以帮助大家在延时拍摄时能获得一个好的效果。

(1)准备拍摄器材

由于延时摄影拍摄时间跨度长,需要准备一个稳定拍摄设备的三脚架,以确保拍摄出来的画面不会出现抖动感。为了远距离控制拍摄设备,还可以准备一个快门遥控器,以保证视频画面的效果更好。

图 4-58 运用空镜头的短视频作品

（2）启用手动模式

因为延时拍摄拍的是同一个场景在较长一段时间内的变化，因此整个拍摄过程的参数、风格应该保持一致。在全自动模式下，视频效果会因为拍摄设备的自动调节系统而出现一些差异。所以，在延时拍摄时，最好关闭相机或手机的自动拍摄功能，启用手动模式进行拍摄。

如果延时拍摄的是大场景，需要远近都清晰的效果，在设置光圈时，不能设置过大，建议选择小光圈值。延时拍摄时间跨度长，为了让拍摄画面的色彩尽可能地保持一致，则需要固定白平衡。

（3）借助 ND 镜

ND 镜也叫作中灰密度镜，作用在于过滤光线，并保证不会对原物体的颜色产生任何影响。如果延时摄影是在白天拍摄或是光线比较强烈的环境下进行的，借助 ND 镜能够有效减少进光量，从而让快门速度更慢。

（4）正确选择延时拍摄对象

并不是所有的物体都适合延时拍摄，在选择延时拍摄对象时，要选择合适的拍摄物体进行拍摄，比如，流水、星轨、云朵等。此外，在延时拍摄时，还需要以静止的物体作为参照,用静止的物体衬托拍摄对象的变化。

(5)选择合适的构图方法

延时摄影的构图方法也很重要,创作者在构图时,需要对视频画面中运动的物体做一个预判,预测该物体的运动轨迹,并采用合适的构图方法,安排物体在画面中出现的位置和大小。

3.利用分镜头使拍摄画面更加流畅

分镜头可以简单地理解为短视频作品中的一小段镜头。一个画面流畅清晰的短视频作品,其实就是通过一个个分镜头剪辑而成的。例如,某短视频作品中有一段展示环境、建筑或是地标全貌的画面,这个画面就是分镜头。

拍摄短视频时,利用好分镜头不仅可以奠定整个视频的节奏和风格基础,而且能使视频画面更加流畅。但在拍摄分镜头时,需要先完成分镜头脚本。分镜头脚本是将文字内容转化成立体视听形象的中间媒介,摄影师在拍摄时,会根据分镜头脚本的描述来设计相应的画面、配置音乐等。以《关爱环卫工人公益活动》短视频为例,其分镜头脚本见表4-1。

表4-1 《关爱环卫工人公益活动》分镜头脚本

镜头序号	拍摄时长	景别	拍摄手法	拍摄角度	画面	音效	备注
1	2s	中景	切入、淡出	正对面拍摄	演员正在往车上搬运防暑物品	《你是最美的人》伴奏	
2	2s	全景	切入、切出	右前方拍摄	路上人来人往,树上落叶飘落在路上	—	后期加入蝉鸣的效果
3	2s	中景	切入、切出	左侧面	一名环卫阿姨弓着腰吃力地扫地	加入《你是最美的人》童音部分音效	
4	3s	特写	特写	右侧面	环卫阿姨抬手擦汗,脸上满是汗水	—	
5	7s	近景	切入、切出	正前方	演员拿着物品送给环卫阿姨,紧紧握住阿姨的手,说:"阿姨,您辛苦了。"	—	
6	3s	特写	特写	正前方	环卫阿姨粗糙的手、演员的手		

第 5 章 制作短视频

一条短视频拍摄完成后,为了使视频作品呈现出更好的效果,还需要对其进行"包装",如剪辑视频,设置转场,添加滤镜、背景音乐、字幕等后期处理。后期处理是制作短视频的关键环节,良好的后期处理可以让原视频变得更加精美,更加具有吸引力。因此,短视频运营者要想创作出高质量的短视频作品,就必须熟练掌握短视频后期制作的方法和要点。

5.1 移动端短视频的后期制作软件

随着短视频行业的不断发展,各类短视频后期制作软件应运而生,既有电脑端(PC端)的,也有移动端(手机端)的。其中,那些功能强大、独具特色的移动端短视频后期制作App,由于其操作简单,更是深受广大短视频创作者的喜爱。下面就为大家简单介绍几款目前市场上比较热门的移动端短视频后期制作App。

5.1.1 剪映App

移动端"剪映"是一款简单易用的全能型视频剪辑App,也是抖音平台的官方剪辑工具。剪映的剪辑功能非常全面,有很多视频模板,直接导入图片素材就能生成制作精美的短视频作品。在视频特效和音乐方面,剪映也有独特的优势。因为剪映是抖音官方推出的剪辑工具,所以在剪映上编辑短视频,可以直接调用在抖音平台上收藏的背景音乐。剪映App的主界面如图5-1所示。

另外,通过剪映剪辑的视频可以直接发布到抖音平台上,并且带有相应的标签,如图5-2所示。抖音平台上那些通过剪映剪辑后的短视频作品,往往能获得平台更多的流量扶持。

图 5-1 剪映 App 的主界面　　图 5-2 带有剪映标签的抖音短视频

在主页面点击"开始创作"按钮,添加一段或多段素材,即可进入编辑界面。编辑界面下面就是剪映的 10 大功能:剪辑、音频、文字、贴纸、画中画、特效、滤镜、比例、背景、调节,如图 5-3 所示。

下面简单介绍剪映 App 的主要功能,供读者参考。

➢ 剪辑功能:对视频进行基础剪辑操作,包括分割、变速、旋转、倒放等。

➢ 音频功能:在抖音的短视频中,BGM(背景音乐)是非常重要的一项元素。添加背景音乐时,用户既可以选择剪映中内置的音乐,又可以导入自己喜欢的音乐。

➢ 文字功能:可以添加字幕,剪映内置了丰富的文本模板,该功能还可以自动识别字幕和歌词。

图 5-3 剪映 App 的编辑界面

➢ 贴纸功能：剪映中内置了很多有趣的动画贴纸，以丰富视频内容。

➢ 画中画功能：添加画中画视频效果，使一个视频中出现两个视频画面。画中画视频效果就是在一个视频画面播放的同时，在角落显示一个小窗口播放另一个视频画面。

➢ 特效功能：剪映中内置了基础、氛围、动感等10多个类别的特效，可供用户选择使用。

➢ 滤镜功能：剪映中内置了10大类不同风格的滤镜，可以满足用户大多数视频场景下的使用需求。

➢ 比例功能：在剪映中，可以直接调整视频比例及视频在屏幕中的大小。

➢ 背景功能：在剪映中，背景就是视频的画布，用户可以调整画布的颜色和样式，也可以上传自己满意的图片当作背景。

➢ 调节功能：在剪映中可以调节视频的亮度、对比度、饱和度、锐化、高光、阴影、色温、色调等。

> **提示** 除了移动端剪映外，自2021年2月起，PC端剪映也正式上线了，以满足用户更加专业的视频剪辑需求。

5.1.2 乐秀App

乐秀App是一款非常优秀的手机短视频编辑软件，有操作简单、页面简洁、功能强大的特点。用户只需通过几步简单、快捷的操作，就可以制作出非常炫酷的短视频作品。乐秀App的主界面如图5-4所示。

乐秀App的功能同样非常全面，不仅能将图片制作成视频，而且能将图片和视频合成视频，并对处理好的视频进行编辑，几乎涵盖了所有短视频后期制作软件的功能。在乐秀App的主界面可以看到一个全面的功能展示，下面就简单为大家介绍一下乐秀App的这些功能。

图5-4 乐秀App的主界面

➢ 视频编辑：对手机中的短视频进行后期处理。例如，使用精美滤镜功能，任意切换视频滤镜；动态贴纸功能，可以将有趣的贴纸直接粘在视频中，让视频更有创造性和趣味性。同时，在编辑短视频时，还可以给视频添加主题、配乐、设置画幅比例等。

➢ 素材中心：提供多种主题、配乐、贴图、特效等素材，供用户使用。

➢ 音乐相册：将图片制作成动态的音乐相册，打破以往枯燥无味的"图片幻灯片"，让图片更有吸引力。

➢ 超级相机：利用超级相机，可以轻松拍摄视频，打造独具特色的视频风格。

除此之外，乐秀App还为用户提供了丰富的视频模板；视频制作完成后，用户还可将其同步分享到微信、微博等各大社交平台。

> **提示** 乐秀App里面的一些专业性的功能和特效仅限于VIP用户使用，如果对视频要求不高，使用素材库里面的免费素材也是足够的。如果要求较高，则可以开通会员，成为VIP。

5.1.3 小影App

小影App是一款非常专业、简单的短视频制作软件，这款软件既可以实现短视频的拍摄，又具备基础的视频剪辑、编辑等功能。小影App拥有多种视频拍摄风格、多种特效拍摄镜头，并且没有拍摄时间的限制，既可以拍摄几秒、十几秒的短视频，又能拍摄和编辑时间更长的微电影、微故事，所以受到了很多年轻用户群体的喜爱。

与其他短视频后期制作软件相比，小影App最大的特色就是可以即拍即停。在小影App上，可以拍摄、剪辑、编辑视频，还可以设置各种特效，让短视频呈现出不一样的视觉效果。小影App的主界面如图5-5所示。

图5-5 小影App的主界面

小影 App 独特的滤镜、转场、字幕、配乐及一键应用的主题特效包，可以帮助用户轻松打造个性十足的生活微电影，这些功能也是小影 App 在众多后期制作软件中脱颖而出的重要条件。在小影 App 上，快捷生成主题视频是最受用户欢迎的一项功能，小影 App 提供的主题类型有很多，包含日常主题、旅行主题、浪漫主题等，不同的主题展现出来的视频效果有所不同。

5.1.4 巧影App

巧影 App 是一款专业的视频后期处理工具，主要功能包括视频剪辑、视频图像处理及视频文本处理等。巧影 App 除了具备一些基本的手机视频编辑功能外，还拥有丰富的贴纸、特效、主题、音乐音效等各类素材，并且支持多图层、色键、混合、速度控制及倒放等功能，这些特色功能同样可以为视频的后期处理增色不少。

巧影 App 的编辑界面不同于其他手机短视频后期软件的编辑界面，采用的是横屏操作界面，如图 5-6 所示。这样的设计使编辑界面的功能分类显得更为集中，用户不用到处寻找所需的功能或频繁地转换操作界面，非常有利于用户进行视频的集中性后期操作。

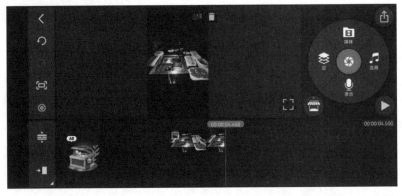

图 5-6 巧影 App 的编辑界面

5.2 PC端短视频的后期制作软件

如今移动端的短视频后期制作软件已经非常丰富了，而且功能全面、操作简单，但短视频创作者们要想制作出效果更完美的短视频，还是需要更加专业的 PC

端短视频后期制作软件来助力。PC端视频后期制作软件相较于移动端视频后期制作软件，功能更多样、更系统、更专业，当然其操作方法也更复杂一些。下面为大家介绍几款比较常用的PC端视频后期制作软件。

5.2.1 爱剪辑

爱剪辑是一款根据大众使用习惯、功能需求与审美特点而设计的全能型视频后期制作软件。该软件功能全面多样，不仅具有给视频加字幕、加相框、调色等齐全的剪辑功能，还拥有诸多创新功能和影院级特效。

相较于其他视频后期制作工具，爱剪辑的操作简单、制作便捷，即使是新手也能够迅速上手。爱剪辑的工作界面也很简单，在首页即可看到菜单栏、信息列表、添加面板和预览面板，一目了然，使用起来十分方便，如图5-7所示。

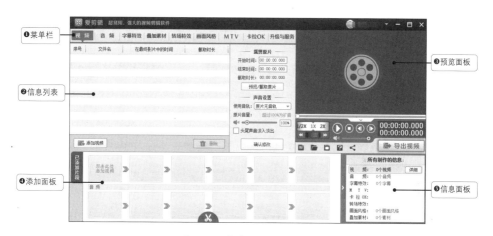

图 5-7　爱剪辑的工作界面

❶ 菜单栏：包括"视频""音频""字幕特效""叠加素材""转场特效""画面风格""MTV""卡拉OK"及"升级与服务"多个栏目，需要进行某项操作时，点击对应的图标即可。

❷ 信息列表：展示编辑的视频或音频的区域，假如要剪辑两段或两段以上的视频，用户可以在此面板中查看视频素材的相关信息，如文件名、截取时长等。此外，这个区域同时也可以设置各种视频特效，用户可以在此处选择视频的风格和转场。

❸ 预览面板：展示视频效果的面板，在此区域，用户可以调节视频的播放速

度及音量。

❹ 添加面板：主要展示添加的视频或音频素材，用户双击空白处即可添加和上传视频，十分便捷。

❺ 信息面板：主要用于展示制作中视频的详细信息，用户每多加一个步骤，信息面板中的视频信息就会产生变化，可以清晰地了解自己的剪辑流程。

> **提示** 爱剪辑为新用户提供了基础教程、进阶教程及实例教程，以帮助新用户更快地掌握视频剪辑的基础操作。在爱剪辑"升级与服务"的"软件服务"栏目中，有一个"爱剪辑在线教程"入口，新手们可以点击此处学习爱剪辑的在线教程，如图5-8所示。

图 5-8　爱剪辑在线教程入口

5.2.2　会声会影

会声会影是一款专为个人及家庭用户设计的视频编辑软件。会声会影具有完善的视频编辑功能，用户可以利用它全面控制视频的制作过程，为采集的视频添加各种素材、特效、转场、覆叠、字幕、配乐、滤镜效果等。会声会影的操作界面如图5-9所示。

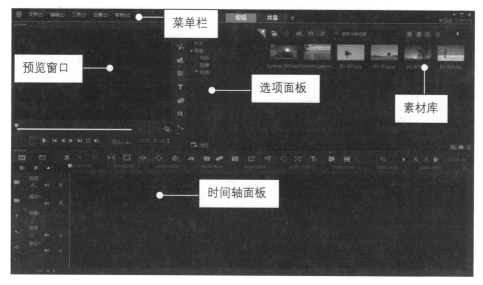

图 5-9　会声会影的操作界面

会声会影的特点主要有以下 3 个。

➢ 操作简单，具有制作向导模式，只要 3 个步骤即可快速做出 DV 影片，使新手能够在短时间内快速学会视频编辑。

➢ 功能丰富，提供超过 100 种的编制功能与效果，可导出多种常见的视频格式。

➢ 具有成批转换功能与捕获格式完整的特点，可以使视频编辑的效率更高。

5.2.3　Adobe Premiere

Adobe Premiere 是由 Adobe 公司推出的一款常用的视频编辑软件，被广泛地应用于影视编辑领域。Premiere 有着专业性强、操作简便等优点，可对声音、图像、视频、文件等多种素材进行加工处理。Adobe Premiere Pro 2021 的操作界面如图 5-10 所示。

> **提示**　电脑端视频后期制作软件通常都包含时间线窗口、素材窗口、预览窗口、剪辑窗口等窗口。而基本编辑操作都包括对素材的采集、添加到轨道、剪断、删除、移动、修剪等。短视频创作者不要觉得视频后期制作很困难，只要掌握了基本的操作，随便什么剪辑软件都可以快速上手。

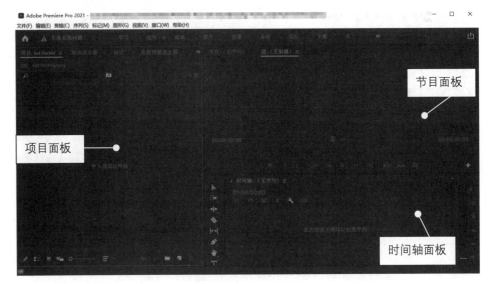

图 5-10　Adobe Premiere Pro 2021 的操作界面

5.3 短视频后期制作的基础操作方法

经过后期编辑加工后的短视频，往往比原视频更具吸引力，也更能打动观众的心。短视频的后期制作常见的操作包括添加字幕、配音、添加音乐、添加滤镜、调整视频比例等。下面就以制作抖音短视频最常用的剪映 App 为例，为大家讲解短视频后期制作的基础操作方法。

5.3.1　为短视频添加字幕

为短视频添加字幕，可以帮助用户更好地理解视频内容，提升用户的观感。在剪映中，为短视频添加字幕的方法主要有两种：一种是手动输入，另一种是系统自动识别。

1. 手动输入字幕

手动输入文本添加字幕的方法非常简单，具体的操作步骤如下。

第 1 步：在剪映 App 中添加一段视频素材，在编辑界面的功能列表区域点击"文字"按钮，如图 5-11 所示。

第2步：在弹出的"文字"功能菜单中，点击"新建文本"按钮，如图5-12所示。

第3步：在弹出的文本框中输入文字，点击"√"按钮，即可生成字幕，如图5-13所示。另外，还可以根据视频的画面选择文字的样式、花字、气泡、动画等效果。

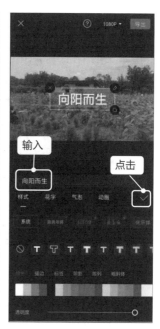

图5-11 点击"文字"按钮　图5-12 点按"新建文本"按钮　图5-13 输入文字

2. 自动识别字幕

如果视频字幕较少，可以通过手动输入文字生成字幕。但如果文字较多，手动输入较为烦琐，此时可以通过自动识别字幕的方式来添加字幕，具体操作如下。

第1步：在剪映App中添加一段视频素材，在编辑界面的功能列表区域点击"文字"按钮，如图5-14所示。

第2步：在弹出的"文字"功能菜单中，点击"识别字幕"按钮，在弹出的提示页面中点击"开始识别"按钮，如图5-15所示。

第3步：稍等片刻，字幕识别成功后，即可在页面中看到系统自动识别出的字幕信息，如图5-16所示。

除此之外，剪映App还可以自动识别歌词，其操作方法与自动识别字幕的方法相同，其识别后的效果如图5-17所示。

图 5-14　点击"文字"按钮　　　　图 5-15　点击"开始识别"按钮

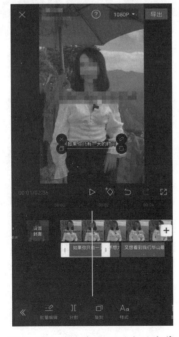

图 5-16　系统自动识别出的字幕　　图 5-17　系统自动识别出的歌词

系统生成字幕后,也可以根据视频的画面调整字幕的样式、大小、位置等。值得注意的是,自动识别的字幕可能存在错误。因此,使用自动识别字幕的方式时必须对识别的文字进行仔细的检查,如有错误,需手动修改。

5.3.2 为短视频配音

配音是提升短视频吸引力的重要手段。一段短视频,如果没有好的配音,往往很难吸引用户的关注。所以,不少创作者为了增加短视频作品的吸引力,会为其添加合适的背景音乐或自己配音。配音分为真人配音和模拟真人配音。

1. 真人配音

在剪映 App,可以根据视频需要,对其进行真人配音,具体的操作步骤如下。

第 1 步:在剪映 App 中添加一段视频素材,在编辑界面的功能列表区域点击"音频"按钮,如图 5-18 所示。

第 2 步:在弹出的"音频"功能菜单中,点击"录音"按钮,如图 5-19 所示。

第 3 步:在弹出的页面中,会出现一个红色"录音"按钮,长按"录音"按钮即可为视频配音,松开"录音"按钮配音结束,点击"√"按钮,即可生成一段音频,如图 5-20 所示。另外,可根据视频需求对配音进行调整,如声音的大小及出现的位置等信息。

图 5-18 点击"音频"按钮　　图 5-19 点击"录音"按钮　　图 5-20 长按"录音"按钮

2. 文本朗读模拟真人配音

在为短视频配音时，如果不想使用真人配音，可使用模拟真人文本朗读功能，具体的操作步骤如下。

第 1 步：在剪映 App 中添加一段视频素材并为其添加字幕，然后在字幕编辑界面的功能菜单中点击"文本朗读"按钮，如图 5-21 所示。

第 2 步：在弹出的"音色选择"菜单中，选择合适的朗读音风格，点击"√"按钮，即可生成相关风格的配音，如图 5-22 所示。

图 5-21 点击"文本朗读"按钮

图 5-22 选择朗读音风格

> **提示** "文本朗读"功能的使用前提是有文本，所以，使用"文本朗读"功能为短视频配音时，必须先添加文本，再点击"文本朗读"按钮。另外在"文本朗读"功能中同样可以调整音频的音量、位置等信息，但要注意保证字幕和音频同步。

5.3.3 为短视频添加音乐

背景音乐能够增加短视频作品的真实感、代入感，起到渲染气氛的作用。所以，在制作短视频的过程中，选择一个热门又适合的背景音乐，无疑会为短视频加分不少。通常背景音乐的选择需要与短视频作品的风格相匹配。在剪映 App 中，为短视频添加音乐的方法很简单，具体的操作步骤如下。

第 1 步：在剪映 App 中添加一段视频素材，在编辑界面的功能列表区域点击"音频"按钮，如图 5-23 所示。

第 2 步：在弹出的"音频"功能菜单中点击"音乐"按钮，如图 5-24 所示。

图 5-23　点击"音频"按钮

图 5-24　点击"音乐"按钮

第 3 步：系统自动跳转到"添加音乐"页面，选择合适的背景音乐，并点击该音乐进行试听，确定使用该音乐后，点击"使用"按钮，如图 5-25 所示。

第 4 步：跳回视频编辑页面，即可看到刚才添加的音乐，如图 5-26 所示。

导入音乐后，还可对音乐素材进行更详细的设置，比如调整音量、淡化、分割、踩点等。如果要制作卡点短视频，就必须让音乐和画面同步，这样制作出来的短视频作品才更具吸引力。

图 5-25 点击"使用"按钮　　　　图 5-26 成功添加音乐的视频

5.3.4 为短视频添加滤镜

为短视频作品搭配一个好看的滤镜，可以让视频画面更具美感。在剪映 App 中，为短视频添加滤镜的具体步骤如下。

第 1 步：在剪映 App 中添加一段视频素材，在编辑界面的功能列表区域点击"滤镜"按钮，如图 5-27 所示。

第 2 步：在弹出的"滤镜"功能菜单中选择合适的滤镜，点击"√"按钮，即可为视频画面添加滤镜，如图 5-28 所示。

> **提示**　在为短视频添加滤镜时，需要根据视频内容的风格来选择滤镜；另外，为了保证视频画质自然，建议拍摄或编辑视频时不要过分使用美颜功能。

图 5-27 点击"滤镜"按钮

图 5-28 选择合适的滤镜

5.3.5 调整视频比例

视频编辑完成后,需要根据不同平台的要求设置视频导出的尺寸。视频尺寸通常包括 9:16、16:9、1:1、4:3、2:1 等。通过剪映 App 设置视频比例的操作步骤如下。

第 1 步:在剪映 App 中添加一段视频素材,在编辑界面的功能列表区域点击"比例"按钮,如图 5-29 所示。

第 2 步:在弹出的"比例"功能菜单中选择合适的视频比例即可,如图 5-30 所示。

除了以上这些基础操作外,还可以为短视频添加贴纸、特效,设置背景画布的颜色和样式,调整视频画面的亮度、对比度等参数。视频编辑好后,点击编辑界面右上角的"导出"按钮,即可将编辑好的视频导出,如图 5-31 所示。在剪映 App 中也可以将编辑好的视频直接分享到抖音或西瓜视频上,如图 5-32 所示。

图 5-29 点击"比例"按钮

图 5-30 选择视频比例

图 5-31 点击"导出"按钮

图 5-32 分享短视频

5.4 答疑解惑

1. 如何利用视频模板快速制作炫酷短视频？

很多短视频后期制作 App 都会为用户提供"一键生成"的视频模板，让用户可以一秒制作大片特效。在剪映 App 的"剪同款"功能中，有许多视频模板，用户可以利用这些视频模板快速制作抖音热门短视频，具体的操作步骤如下。

第 1 步：在剪映 App 的主界面点击"剪同款"按钮，如图 5-33 所示。

第 2 步：进入"视频模板"界面，选择并点击一款自己喜欢的视频模板（这里以"治愈系滤镜风"模板为例），如图 5-34 所示。

图 5-33 点击"剪同款"按钮

图 5-34 选择一款视频模板

第 3 步：进入该视频模板的效果预览页面，点击页面右下角的"剪同款"按钮，如图 5-35 所示。

第 4 步：进入新页面，选择图片或视频素材，然后点击"下一步"按钮，如图 5-36 所示。

> **提示**　不同的视频模板需要的素材数量是不同的，编辑时根据视频模板的要求添加相应数量的图片或视频素材即可。

图 5-35　点击"剪同款"按钮　　　图 5-36　选择素材

第 5 步：进入视频编辑界面，预览制作好的短视频，也可以在该界面中对视频进行编辑，确认无误后即可点击"导出"按钮，如图 5-37 所示。

第 6 步：弹出"导出选择"页面，选择分享至抖音或直接导出，如图 5-38 所示。

图 5-37　预览制作好的短视频　　　图 5-38　"导出选择"页面

2. 如何将抖音中其他用户的视频配乐运用到自己的视频中？

抖音平台上有许多短视频作品的配乐都非常有吸引力，导致不少短视频创作者在制作短视频时，也想将这些优秀的视频配乐运用到自己的短视频作品中。那么，在抖音平台上怎样才能将其他用户的视频配乐转化为自己的短视频配乐呢？具体的操作方法如下。

第一步：在其他用户的抖音短视频作品中点击配乐处，如图5-39所示。

第二步：跳转至该歌曲页面，点击"拍同款"按钮，创作带有该歌曲的短视频作品，如图5-40所示。

图5-39 点击短视频作品中的配乐处

图5-40 点击"拍同款"按钮

> **提示**　如果不想立即进行创作，可以在歌曲页面点击"收藏"按钮，将配乐添加到"我的收藏"，后面需要进行创作时，直接进入"我的收藏"页面选择该配乐即可开始创作。

第 6 章
吸引粉丝，快速引流

在新商业模式下，哪里有流量，哪里就有商机。所以，抖音电商运营者都希望借助抖音这个巨大的流量平台实现商业变现。当然要想让变现达到更好的效果，运营者们就需要通过短视频、直播等不断地吸引粉丝和流量，甚至建立自己的私域流量池。

6.1 了解抖音内部推荐算法，轻松获取流量

抖音平台在向用户推荐内容时，会通过一套独特的流量推荐算法机制来筛选优质内容。所以，要想在抖音上获得更多的流量，提高内容或商品被传播的概率，就必须先了解抖音平台的推荐规则与算法机制。

6.1.1 抖音的流量推荐算法机制

抖音平台沿袭了今日头条的流量推荐算法机制，即根据用户的喜好进行内容推荐，以保证视频的分发效率和用户体验。抖音平台的流量推荐算法机制是"去中心化"的智能推荐、机器算法＋人工的双重审核。

抖音平台为每一个发布成功的作品都提供了一个流量池，无论作品的质量好坏、账号大小都能获得一定的播放量。然后系统会根据作品在这个流量池里面的表现，决定是否把该作品推向更大的流量池，如果该作品在每一个流量池中的表现都比较好，那么作品就会进入平台的热门推荐。

所以，抖音平台采用的是"多级推荐"机制进行内容推荐，大致分为三级：智能分发、叠加推荐和热门推荐，如图 6-1 所示。

◇ 第6章 吸引粉丝，快速引流

- **智能分发**：用户成功发布短视频作品，即可获得一部分推荐流量。首次分发的流量以附近的人、账号的关注、粉丝及社交好友为主。根据用户标签和内容标签进行智能分发。

- **叠加推荐**：结合机器算法+人工的双重算法机制，优质的短视频作品会自动获得内容加权。初次推送用户的完播率、转发量、评论量、点赞量等关键指标只要达到一定的量级，就会获得相应的叠加推荐机会。

- **热门推荐**：当短视频作品获得大量粉丝的关注，达到系统推荐算法的要求，就会进入热门推荐，根据系统热门推荐算法选择优质的视频作品，经过人工审核，将其设定为热门视频。

图 6-1 抖音平台的流量推荐算法机制

6.1.2 影响抖音推荐算法机制的4大关键指标

抖音平台会根据流量推荐算法机制为每一部作品分配流量池，而每个短视频作品的传播效果主要取决于该作品在这个流量池中的表现。那么，判断这些短视频作品好坏的依据到底是什么呢？抖音平台主要是依据完播率、转发量、评论量和点赞量4大指标的反馈数据来判断视频内容的优质与否，如图6-2所示。若短视频作品的这4项数据反馈结果都比较好，该视频内容就会被判定为优质内容，从而被平台推荐到更大的流量池中。

图 6-2 影响抖音推荐算法机制的4大关键指标

> **提示**：这4大关键指标按其优先级排列为完播率＞转发量＞评论量＞点赞量，其中，完播率在抖音推荐算法机制中的权重最大，其次是转发量，接着是评论量和点赞量。

1. 完播率

完播率主要看用户能否完整地观看完一个视频，是衡量视频质量的重要指标。

为了保证视频的完播率，视频内容的质量一定要过硬。如果内容质量太差，用户随时有可能放弃观看，这样的短视频作品，其存活率必然很低。

完播率是抖音推荐算法机制中占权重最大的一个指标，要提升视频的完播率，具体可以从以下几个方面进行优化。

（1）视频内容的"黄金3秒"理论

要想提升短视频的完播率，在创作短视频时首先需要把握住视频开头的前3秒。因为一条视频能否吸引用户的关注，主要取决视频内容的前3秒，这就是视频内容的"黄金3秒"理论。短视频创作者要充分利用"黄金3秒"清晰、明了地点出视频内容的主题，使整个视频在一开始就能对用户产生巨大的吸引力。

（2）视频内容的严谨性

视频内容的创作一定要保证它的严谨性，内容思想要符合社会主义核心价值观，画面情节要充实饱满。有功力的短视频创作者还可以在内容中添加趣味元素。

（3）视频内容要具有期待感

有些短视频作品，从头到尾都保持着一份神秘感，让观者充满了好奇；还有些短视频作品，它的剧情跌宕起伏、不断反转，不看到最后，观者永远都不知道剧情下一秒会不会更精彩。这些视频内容总能调动用户的好奇心，使他们对整个视频充满期待，这样的短视频作品完播率自然非常高。

（4）视频内容要直击用户痛点

视频内容和销售的商品一样，要能够准确地挖掘到用户的痛点，并帮助用户解决这些痛点。在策划视频内容时，短视频创作者需要明确的3大基本步骤如图6-3所示。

图6-3　策划视频内容时需要明确的3大基本步骤

（5）视频内容要通俗易懂

如果视频内容生涩难懂，用户往往看到一半就放弃了。所以，视频内容的深度要贴合用户的认知需求，便于用户理解。

2．转发量

如今，抖音平台内部流量分配已经固化，无论是平台方还是内容生产者都渴望从外界引入流量。如果抖音视频被转发到其他的软件平台，这些平台的用户只要点击链接，就会被引流到抖音平台，如此便轻松地完成了外界引流。所以，视频的转发量越高，获取的平台曝光率就越高。

> **提示** 现在微信与抖音之间的接口已经关闭了，用户想将抖音平台上的短视频转发到微信上，必须先下载再上传到微信中，这无形中也增加了用户转发视频的参与成本。

转发量在整个抖音的推荐算法机制中占的权重仅次于完播率，所以短视频运营者一定足够重视，尽可能地想办法去引导用户进行转发。要想提升短视频的转发量，运营者就要分析什么样的内容能够刺激用户产生转发行为。通常，用户会基于以下几点对短视频作品进行转发。

(1) 分享需求

分享需求也就是转化需求，分散需求。例如，一条关于孩子"早恋"问题的短视频作品，如图6-4所示。该条短视频作品阐述了如何正确看待孩子的"早恋"问题，观看这条短视频的用户想必大多数是正被孩子"早恋"问题困扰的家长们，如果他们认同这条视频表达的观点，就会积极转发该条短视频作品。

(2) 分享快乐

正所谓"独乐乐不如众乐乐"，人人都愿意分享快乐。将自己的快乐传递给身边人，这就是分享快乐。当看到一条十分搞笑的短视频时，相信有很多人第一时间就会将其分享给身边人，让他们也感受到同样的快乐。抖音上搞笑类短视频作品的转发量通常都比较高，如图6-5所示。

(3) 共情表达

当一条短视频作品传递的情感能够与用户的内心情感相契合，或者它能以文字或图像的形式准确地表述用户想到却表述不清的观点，用户们就会转发该视频，因为这条视频实现了共情表达。例如，有一条短视频作品的主题是"爱得太满，物极必反"，这个主题可能与很多用户心中的想法相契合，所以不少用户在观看该条短视频后就会自然地转发一下，以此来表达自己心中的想法，如图6-6所示。

(4) 正义传播

正义传播是指通过视频内容传递社会的正能量。正义传播类的视频内容主要包括寻人、寻物、寻找宠物、为好人好事点赞，以及弘扬社会正义等，如图6-7所示。正义传播类视频的转发率通常都比较高，毕竟在社会群体中，大多数人都充满了正义感和同情心。

图 6-4　一条关于孩子"早恋"问题的短视频作品　　图 6-5　某搞笑类短视频作品

图 6-6　共情表达的短视频作品　　图 6-7　正义传播类的短视频作品

3. 评论量

评论量可以从侧面反映视频内容的吸引力，如果一个用户愿意查看视频的评论，甚至愿意花费时间写下自己对该视频的感想，至少说明他对该条视频的内容非常感兴趣。

提升视频评论量的方法很简单，就是增强视频内容与粉丝间的互动性。要想增强视频内容的互动性，就需要从以下几个方面进行优化。

（1）话题性

如果视频内容本身就是当下大家在茶余饭后都在讨论的一个问题或热点，那么该短视频作品一经发布，就必然会引发粉丝的热烈讨论，因为这种题材的短视频话题性非常强。例如，以某热门电影为题材而创作的短视频作品话题性就很强，评论数也非常高，如图 6-8 所示。

（2）争议性

世界上有很多事情都没有绝对的对错，人们对争议性事件总是会持有不同的看法，如果有人将争议话题放大，引导人们表达自己的立场，便很容易引发激烈的讨论。在抖音平台上，也有很多带有争议性话题的短视频作品。例如，某短视频作品中提出了一个带有争议性话题："老人带娃是应该的吗"，从而引发用户展开激烈的讨论，视频评论量高达 3.9 万，如图 6-9 所示。

图 6-8　话题性较强的短视频作品

图 6-9　争议性较强的短视频作品

(3)参与感

以互联网为媒介的产物都有一个共性,就是增进人与人之间的沟通交流,拉近人与人之间的关系。所以短视频运营者在运营短视频时,应该思考一个问题:视频内容能否激发用户的参与感。

以粉丝和偶像明星之间的关系为例,在传统媒体时代,没有互联网搭建沟通交流的桥梁,粉丝只能在报纸和电视上看到明星;但是在网络时代,尤其是在抖音这类新媒体平台出现后,当偶像明星在抖音平台上发布唱歌、跳舞的短视频作品后,喜欢他们的粉丝就会在视频评论区写下评论,明星也会回复粉丝,这就是一种参与感。

(4)评论回评

个人创作者和抖音运营人员都要养成在视频评论区回复粉丝评论的好习惯,要让账号的粉丝知道视频的作者是一个喜欢回复粉丝评论、愿意和粉丝亲近的人。如果作者能够认真阅读每一个评论,并给予相应的回复,就会让写评论的用户觉得自己为视频写评论是值得的,从而激发他们更加热情地参与视频评论。

除此之外,如果视频内容可以做到以下3点,粉丝也会很乐意为视频做出评论。

- ➢ 视频内容能引起粉丝内心的共鸣。
- ➢ 视频内容能与用户的心理认知达成共识。
- ➢ 视频内容能与用户的价值观保持一致。

4. 点赞量

点赞表现了用户对视频内容的认可,点赞量越高,说明喜欢和认可该条视频的人越多。其实,对于抖音推荐算法机制而言,点赞量是影响力最弱的一个指标,因为点赞这个动作很容易操作,所以用户点赞的完成度非常高。通常,抖音官方公布的优质视频点赞率为3%,如果视频作品的点赞率高于或接近3%,抖音推荐算法机制就会为其提供更多的流量。

一般情况下,用户们都会很乐意为自己认同和喜欢的短视频作品点赞。点赞量高的短视频作品,通常具有以下几个特征。

- ➢ 视频内容能够让用户产生共鸣,或者剧情内容引人入胜。
- ➢ 视频内容能够获得用户的喜爱,通常颜值类、才艺类、偶像类、搞笑类的视频更容易获得用户的喜爱。
- ➢ 视频内容能够激发用户的同情心。
- ➢ 视频的主题充满了正义感,用户就会给予支持,为视频点赞;或视频讲述了一个很励志的故事，用户们也会点赞。

短视频剧情紧凑，张弛有度，可以提升视频的完播率和转发量；内容话题的互动性够强，就能引发粉丝的互动与讨论；视频内容传达的价值观能得到粉丝的认可，就能获取更高点赞量。如果短视频运营者能够根据视频创作的方向进行全方位的思考，将上述介绍的这些方法和技巧运用到短视频创作中，就能有效地提升视频的完播率、转发量、评论量和点赞量这4大关键性指标，从而获得更多的平台推荐机会。

6.1.3 抖音推荐算法机制的特点

抖音平台的流量推荐算法机制的特点是呈圆环式扩散，圆环共分为4层，如图6-10所示。抖音平台向用户推荐短视频作品时，会由内到外逐层扩散推广。

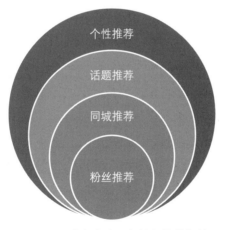

图 6-10 抖音的圆环式扩散推荐机制

1. 粉丝推荐

当一个账户发布一条短视频时，平台不可能立刻为其引入大量的流量，而是先将短视频作品推给该账号的粉丝；如果该账号目前处在"零粉丝"的状态，平台就会跳过粉丝层级，直接将视频带入下一个层级做扩散推广。所以账号的粉丝数量越多，它的推流效果就越好，起点也更高。

> **提示** 一个拥有千万粉丝的大号和一个新号同时发布一条相同内容的短视频作品，大号发布的短视频作品的曝光效果一定比新号好，因为它的起点比新号的高，这就是所谓的粉丝价值。

2. 同城推荐

如果短视频作品在粉丝推荐阶段的各项反馈数据的结果都比较好，平台就会将该短视频作品推入下一个层级——同城推荐。同城推荐类似于微信中的"附近的人"的功能，这种推荐的人群匹配度虽然没有粉丝推荐高，但是因为身处同样的环境，还是很容易在用户之间产生情感共鸣的。

例如，一条推荐成都美食的短视频作品，该视频中为用户介绍了一家味道很好的锅盔店，如图 6-11 所示。如果抖音平台将该条短视频扩散到同城推荐，很有可能会引起同城用户的关注，甚至对该美食感兴趣的用户还会专门到这家店去品尝美食。曾经去过这家店的用户也容易产生共鸣。但如果将这条短视频作品扩散到北京、上海等地方，那里的用户对这种地方美食不是特别了解，对这条短视频自然也不会产生太深的感触。

3. 话题推荐

如果短视频作品在同城推荐阶段的各项反馈数据的结果依旧很好，平台就会继续将该短视频作品扩散到下一个层级做推广。第 3 个层级是话题推荐，如果短视频作品能够登上抖音的热门话题，进入该话题的流量池，就能够拿到这个话题的一部分流量。抖音上有很多热门话题，如图 6-12 所示的短视频作品就是在"美食趣胃计划"和"在家支个小吃摊"这两个热门话题下进行推广。

图 6-11 一条推荐成都美食的短视频作品

4. 个性推荐

如果前面几个阶段的各项反馈数据的结果都很好，最终平台会为该短视频作品提供个性推荐。个性推荐根据视频内容将其推荐给精准的个性人群，以吸引原本与账号关系不太密切的用户的关注，从而增加视频的曝光度。

> **提示** 抖音平台会按照圆环扩散机制为短视频作品推流，该机制的逻辑是，越内圈的推荐方式越精准，圆环越扩散，其推荐的粉丝和用户及标签就越广泛。

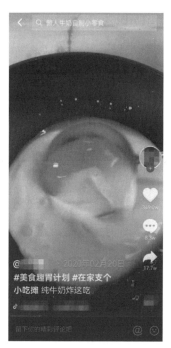

图 6-12 "话题推荐"方式推广的短视频

6.1.4 作品进入热门流量池的3个阶段

了解了抖音平台的推荐算法机制后,我们知道了平台会根据视频数据的反馈情况,为短视频作品分配不同的流量。通常一条短视频作品从发布到进入热门流量池需要经过 3 个阶段,如图 6-13 所示。

图 6-13 作品进入热门流量池的 3 个阶段

1. 启动阶段

一条抖音视频作品发布后,抖音平台会将这条短视频进行小范围的推送,这就是抖音短视频的启动阶段。在短视频的启动阶段,其推送量通常小于 1000 次。如果在该阶段视频数据反馈比较好,该短视频就会进入下一个阶段。该阶段最关键的数据指标为完播率。

2. 测试阶段

在测试阶段，抖音平台会为短视频作品提供 1 万~10 万次的推送量。然后平台根据推送后的视频数据反馈，决定该短视频作品是否能进入下一个阶段。该阶段的关键就在于通过引导，提升视频的点赞量、评论量和转发量。

3. 爆发阶段

通过测试阶段的短视频作品会自动进入爆发阶段，在该阶段，抖音平台会为其提供 100 万次以上的推送量。在如此巨大的推送量的支持下，短视频作品很容易就会成为抖音上的热门视频。

> **提示** 推送量不等于粉丝量，如果抖音运营者想通过短视频快速吸引粉丝，其关键还是在于把握视频内容的质量，打造抖音用户感兴趣的内容。

6.2 抖音引流的常用方法

流量是变现的基础，只要有流量，变现就会变得很容易。抖音平台上聚集了大量的流量，所以，如何通过抖音平台引流，构建自己的抖音流量池，是抖音电商运营者最为关注的问题。下面将为大家介绍一些抖音引流的常用方法，以帮助抖音电商运营者通过抖音短视频来获取大量粉丝。

6.2.1 硬广告引流法

硬广告引流法是指在抖音平台上直接进行产品或品牌展示。抖音平台上的广告主要有两种形式：开屏广告和信息流广告。

1. 开屏广告

开屏广告，顾名思义，就是一打开抖音 App 就可以看到的一种广告形式。开屏广告的优点在于拥有较高的曝光率和点击率；但缺点是展现的时间较短。根据开屏广告的展现形式，可以将开屏广告进一步细分为静态开屏广告（一张海报图）、动态开屏广告（多张海报图滚动播放）和视频开屏广告（以视频形式呈现广告信息）。运营者可以根据自身需求，选择合适的开屏广告的展现形式。图 6-14 所示为抖音 App 中的视频开屏广告。

图 6-14 抖音 App 中的视频开屏广告

2. 信息流广告

信息流广告是一种通过视频传达信息的广告形式。抖音电商运营者可以在抖音信息流广告中插入链接，通过视频内容营销，吸引用户点击链接。用户点击链接后，会直接跳转至目标页面，用户可以在目标页面下单购买相应的商品或服务，一站式完成店铺的引流和转化。

信息流广告不仅可以实现信息的营销推广，还能使用户更加便捷地获取信息。通常，包含信息流广告的短视频中都会出现"广告"字样，用户点击短视频中的文案内容、"限时抢购"按钮、账号名称、账号头像，都可以跳转至商品购买页面，如图 6-15 所示。

> **提示**　抖音平台上大多数的视频开屏广告都属于 TopView 超级首位广告，即开屏广告与信息流广告相结合的广告形式。TopView 超级首位一开始是以视频形式呈现广告信息，播放几秒后就会出现跳转链接，变成信息流广告。TopView 超级首位融合了开屏广告和信息流广告二者的优势，既能使用户在打开抖音 App 的第一时间就看到广告内容，又能通过信息流广告对内容进行完整的展示，并引导用户进一步了解广告详情。

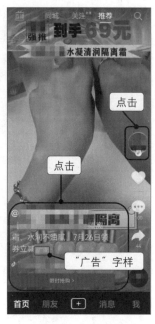 

图 6-15　信息流广告示例

抖音电商运营者如果需要在抖音平台上投放广告，需要充值广告费，并提供企业营业执照、商标证书或品牌授权书等资料及网店渠道。同时，抖音后台会自动统计广告视频的流量数据，如展现量、点击量及点击率等，运营者可以根据这些数据来优化自己的广告计划出价。

6.2.2　抖音矩阵引流

抖音矩阵是指在抖音平台上建立多个账号，通过多个账号的运营进行品牌营销推广，从而增强品牌营销的效果，获取稳定的流量池。

搭建抖音矩阵的好处有很多，比如，可以全方位地展现品牌特点，扩大品牌影响力；也可以形成链式传播，进行内部引流，大幅度提升粉丝数量；还可以规避平台突然的限流或封号，保留资源与成果，降低单账号运营风险。

例如，华为公司以品牌为中心，在抖音平台上创建了"华为""华为终端""华为商城""华为5G""华为企业业务"等多个账号，如图 6-16 所示。每个账号都拥有一定数量的粉丝，其主账号"华为"的粉丝量更是高达 934 万，如图 6-17 所示。

图 6-16 华为抖音矩阵

图 6-17 华为抖音矩阵的主账号

同一品牌的多个账号一起运营，无论是做品牌推广，还是吸引流量，都可以起到很好的作用。但需要注意的是，抖音矩阵中的每一个账号都有自己的角色定位和目标人群，一个账号一个定位。比如，在华为抖音矩阵中，其主账号"华为"的账号定位主要是品牌宣传，而其他子账号则分管不同领域的短视频内容推广引流。

6.2.3 抖音评论区引流

许多抖音用户在观看短视频时，都会习惯性地查看评论区的内容。如果用户觉得该短视频作品的内容比较有趣，就会在评论区写下评论，或者@自己的好友观看该短视频。因此，如果抖音电商运营者能合理利用抖音评论区，可以起到不错的引流效果。抖音评论区引流的示例，如图 6-18 所示。

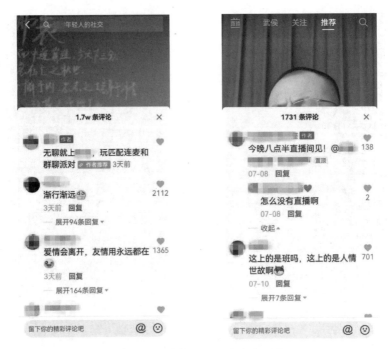

图 6-18 抖音评论区引流的示例

抖音视频文案中能够呈现的内容相对有限，抖音电商运营者可以通过短视频的评论区，以自我评论的方式对视频内容进行适当的补充。另外，在短视频刚发布时，观看的用户可能不是太多，评论也比较少，这时运营者进行自我评论，也能有效引导其他用户积极地参与评论，从而提高视频的评论量。除了自我评论外，运营者还可以通过回复评论的方式解决用户的疑问，引导用户判断，从而提高商品的销量。

在抖音短视频的评论区引流能够获取活跃度较高的精准流量，但抖音评论区引流需要注意以下3点。

1. 第一时间回复评论

抖音电商运营者应该尽量在短视频发布的第一时间及时查看用户的评论，并作出相应的回复。及时回复用户的评论，不仅可以增加短视频的热度，还能让用户感受到作者对他的重视，从而增加用户对短视频账号的好感。

2. 不要重复回复评论

抖音运营者在回复用户评论时，面对同一个问题，或者相似的问题，最好不要重复地回复。原因主要有两个：一是运营者出于营销引流的目的回复评论，那么回复评论中或多或少会有营销的痕迹，如果评论区出现过多的广告痕迹，往往会引起其他用户的反感；二是点赞量高的评论，其展示位置会比较靠前，运营者只需对点赞量高的评论中提出的问题进行回复，有相似问题的用户自然就能看到，从而减少运营者回复评论的工作量。

3. 注意规避敏感词汇

抖音运营者在回复用户评论时，一定要注意规避一些敏感词汇和敏感问题。面对用户的敏感评论时，运营者可以采用迂回战术，对敏感问题不作正面的回答，用其他意思相近的词汇或谐音代替敏感词汇。

6.2.4 抖音热搜词引流

如果创作出来的短视频作品能够上抖音的热门推荐，成为热搜短视频，自然就能获得大量流量。对于新手短视频创作者来说，要想直接创作出热搜短视频，难度还是很大的，不过新手创作者可以利用抖音热搜寻找当下的热词，再根据这些热词创作短视频，从而得到更多的曝光量。下面为大家总结了 4 个利用热搜词引流的技巧。

1. 视频标题文案与热词相匹配

如果通过某个热词可以搜索到视频内容，那么创作者可以在短视频的标题或文案中也加入相应的热词，以提升搜索匹配度的优先级别。

2. 视频话题与热词相匹配

视频话题与热词相匹配也能最大限度提升短视频的曝光量。例如，抖音平台上的热门搜索话题"美食趣胃计划"，其相关视频播放量高达 2000 多亿次，"美食趣胃计划"也顺势成为热搜词，如图 6-19 所示。搜索"美食趣胃计划"一词，按"视频"查看搜索结果，可以发现某条排名靠前的短视频作品，其标题文案中并没有出现"美食趣胃计划"这一关键词，却因为作品中带有该热词的话题，获得了 200 多万的点赞量，如图 6-20 所示。

3. 视频背景音乐与热词相匹配

短视频作品想获得更多的曝光机会，可以使用与热词高度相关的背景音乐。例如，搜索热词"银河与星斗"，从搜索结果的部分短视频作品中可以看到，标题和文案中均没有出现"银河与星斗"这一关键词，但因为使用了"银河与星斗"这首歌曲作为视频的背景音乐，仍然拥有不错的点赞量，如图 6-21 所示。

图 6-19 "美食趣胃计划"相关热搜话题　　图 6-20 包含热词话题的短视频作品

图 6-21 视频背景音乐与热词相匹配示例

4. 抖音账号名称与热词相匹配

如果与热词相关的垂直账号的名称刚好与热词重合，那么该账号的曝光率也会相应地大幅提升。例如，现在轻食餐很流行，"轻食"一词一度成为热门词汇。因此也有不少抖音运营者在为账号命名时会带有"轻食"一词，顺势蹭一波该热词的热度，如图 6-22 所示。

图 6-22　抖音账号名称与热词相匹配示例

6.2.5　原创视频引流

抖音是一个短视频平台，所以该平台上的最佳引流方式自然是视频引流了。如果抖音运营者有独立制作短视频的能力，最好选择原创视频引流。运营者不仅可以通过优质的原创短视频作品吸引用户关注，而且可以通过账号资料部分将观看短视频的用户转化为自己的私域流量。

例如，抖音平台上某美食类短视频账号，坚持发布优质的原创视频内容，如今该账号的每一条短视频作品几乎都拥有不错的点赞量，如图 6-23 所示；账号也收获了 1600 多万粉丝的关注，运营者还通过抖音账号为自己的实体店引流，如图 6-24 所示。

图 6-23 某美食类短视频账号发布的作品

图 6-24 某美食类短视频账号主页

只要原创短视频作品的播放量足够大，曝光率就会越来越高，视频引流的效果也会越来越好。抖音平台上的年轻用户比较多，这类人群通常偏爱热门、创意、有趣的内容。同时，抖音平台也鼓励用户通过多样化、场景化的视频内容来记录自己的日常生活。所以，抖音运营者在创作短视频时应记住这些创作原则，根据用户喜好来创作短视频作品，这样才能获得更多的平台推荐。

6.2.6 私信消息引流

抖音平台上每个账号都具备"私信"功能，可以向平台上的其他用户发送私信消息。不少关注了抖商运营账号的粉丝会利用该功能向商家发送私信消息，咨询商品情况，运营者需要及时查看并回复消息，从而实现私信消息引流，如图 6-25 所示。

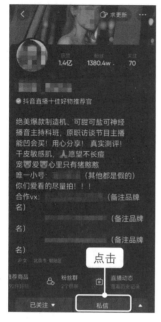

图 6-25 私信消息引流示例

6.2.7 抖音直播引流

直播对抖音电商运营来说意义重大,运营者不仅可以通过直播卖货,而且能通过直播为账号引流。在直播中关注账号很便捷,用户在观看电商直播的过程中,直接点击直播界面左上方的"关注"按钮,就能成为该账号的粉丝,如图 6-26 所示。

6.2.8 抖音互推引流

互推引流,顾名思义,就是通过互相推广的方式引流。在运营抖音账号的过程中,运营者可以通过与平台上其他账号进行互推,来提高自己账号及账号作品的传播范围,从而获得更多的流量。

图 6-26 通过直播关注账号

在抖音平台中，互推的方式有很多，最方便且最有效的互推方式是在视频文案中直接@相关联的账号，这样用户在看到相关视频时就能看到互推的账号，如图6-27所示。

图6-27　抖音互推引流示例

6.2.9　跨平台引流

在抖音平台上，除了那些拥有上千万粉丝的抖音达人账号外，其他账号几乎很难跨平台引流。抖音平台引流的原则是去中心化的，虽然在平台内能够快速获得粉丝，但是粉丝的黏性非常低，跨平台的转化率也非常低。比如，一个抖音账号能够涨粉100万，相对应的微博账号却只能涨粉1万。

抖音平台为了提升账号的跨平台引流能力，不仅推出了"微博故事红人招募计划"，还对内容分享机制进行了重大调整。以前，用户如果想将抖音短视频分享到微信或QQ等社交平台中，被分享者只能接收到短视频链接，需要复制粘贴链接到抖音平台上观看短视频，这无疑增加了用户分享视频的难度。如今，要将短视频作品跨平台分享到微信朋友圈、微信好友、QQ空间或QQ好友，可以先将该视频保存到本地，再进行分享，具体的操作步骤如下。

第 1 步：点击视频页面的"转发"按钮，如图 6-28 所示。

第 2 步：弹出新页面，点击"保存本地"按钮，将该视频下载保存到本地，如图 6-29 所示。

第 3 步：下载完成以后，根据分享提示将短视频作品分享到微信或 QQ 等平台上，如图 6-30 所示。

图 6-28 点击"转发"按钮

图 6-29 点击"保存本地"按钮

图 6-30 点击"发送视频到微信"按钮

短视频作品被分享到微信或 QQ 等平台后，被分享者可以直接点开被分享的视频观看，不用再手动复制粘贴链接到抖音平台上观看了。抖音内容分享机制的改变，是对跨平台分享限制的一种突破，对抖音跨平台引流来说，起到了非常重要的推动作用。

6.2.10 多闪App引流

多闪 App，是字节跳动公司于 2019 年年初发布的一款短视频社交产品，也是抖音官方的好友聊天工具。多闪 App 源于抖音平台的私信模块，以"短视频+社交"的模式为基础，利用其特色功能"随拍"，可以将抖音平台上的社交关系直接引流过来，然后通过多闪平台来维护这些社交关系。当然，通过多闪 App 拍摄的小视频也可以同步到抖音平台。多闪 App 的主界面及拍摄界面如图 6-31 所示。

图 6-31　多闪 App 的主界面及拍摄界面

通过"随拍"拍摄的小视频，其公开的视频内容将会保留 72 小时，72 小时后则转换到个人相册。"随拍"视频内容以"人为聚合"为原则，所以通过多闪 App，还可以清楚地知道谁在关注自己，看自己所发的视频。另外，除了一键拍摄功能外，多闪 App 还具有视频红包、斗图、群聊等功能。

6.2.11　线上引流

微信、QQ、微博等社交平台，以及一些热门音乐平台上都聚集着大量的流量，是抖音运营者不可错过的线上引流主阵地。如果抖音运营者能够通过一定方法将这些平台的流量引入抖音平台，便可实现粉丝量的快速增长。

1. 微信引流

微信作为国内最大的移动流量平台之一，其用户体量巨大，是抖音平台进行跨平台线上引流的最佳选择。微信引流主要包括 3 个部分：朋友圈引流、微信群引流和公众号引流。

（1）朋友圈引流

抖音运营者可以将短视频作品发布到微信朋友圈，以吸引朋友圈好友的关注。微信朋友圈引流具有用户黏性高、内容可信度高、易于视频内容传播等优点。

运营者通过朋友圈引流，也需要注意一些内容发布的规范。比如，朋友圈只能发布10秒内的视频而抖音短视频的播放时长通常在15秒以上，所以，运营者在发布视频时，需要对其进行剪辑，尽量选择内容中的关键部分；发布到朋友圈的视频不能自主设置封面，所以，运营者一开始拍摄短视频时就要注意视频画面的美观性；另外，运营者还要做好推广短视频的文字描述，并且可以利用朋友圈评论功能进行信息补充。

（2）微信群引流

抖音运营者将短视频作品发布到微信群，其他群用户点击视频后即可直接查看内容，从而提高抖音短视频的曝光率。微信群引流时，其视频发布的时间应尽量与抖音平台的内容发布时间同步，但分享的频率不可太频繁。

（3）公众号引流

微信公众号是企业或个人等主体进行信息发布，提升品牌（个人）形象和知名度的重要平台。所以，运营者在微信公众号中定期发布抖音短视频作品，也可以提高抖音短视频的曝光率，将公众号的粉丝成功引流到抖音平台上。

2.QQ引流

作为一款比较早的社交通信工具，QQ拥有庞大的用户群体，以及强大的资源优势。抖音运营者可以通过QQ群、QQ空间、QQ兴趣部落等渠道为抖音平台引流。

（1）QQ群引流

抖音运营者可以创建或加入一些与抖音账号定位相关的QQ群，与群友进行交流互动，取得他们的信任之后，再选择合适的时机发布短视频作品引流。QQ群引流的渠道很多，包括群相册、群公告、群论坛、群共享、群动态和群话题等。

（2）QQ空间引流

QQ空间也是一个抖音引流的好地方，抖音运营者可以充分利用QQ空间，发布短视频作品，积攒人气，吸引更多的人观看和关注。需要注意的是，在QQ空间引流时要将QQ空间的访问权限设置为所有人都可访问。

（3）QQ 兴趣部落引流

QQ 兴趣部落是 QQ 平台创建的一个兴趣主题社区，其核心原理与抖音平台的用户标签非常相似，能够帮助运营者获得更精准的流量。关注 QQ 兴趣部落中的同行业达人，参与热门帖子的评论，并在其中加入自己的抖音账号等相关信息，能够有效增加自己抖音账号的曝光率，获取精准流量。

除此之外，抖音运营者还可以通过 QQ 签名、QQ 头像和 QQ 昵称引流。比如，在 QQ 签名中编辑抖音账号信息；将 QQ 头像和 QQ 昵称设置成与抖音账号一样的，可以增加抖音账号的曝光率。

3. 微博引流

除了微信平台和 QQ 平台外，微博平台的用户基数也非常大。在微博平台上，主要可以利用"@"功能和热门话题来为抖音平台引流。

（1）"@"功能引流

要想在微博平台上推广短视频作品，那就一定要会使用"@"功能。在微博中，可以 @ 明星、媒体、企业，如果这些媒体或名人回复了你的内容，就能借助他们的粉丝扩大自身的影响力，让更多粉丝及微博用户关注自己的抖音短视频。

（2）热门话题引流

微博"热门话题"是一个制造热点信息的地方，也是聚集网民数量最多的地方。抖音运营者要学会利用这些热门话题，推广自己的短视频作品，吸引更多微博用户的关注，从而将他们引流到抖音平台。

4. 音乐平台引流

抖音短视频与音乐有着密不可分的关系，在抖音平台上，使用热门音乐作为视频背景音乐，可以有效提升视频作品的排名，所以，不少抖音运营者会借助各种音乐平台来为自己的抖音账号引流。

常见的音乐平台有网易云音乐、QQ 音乐、酷狗音乐等。以网易云音乐为例，它是一款专注于发现与分享音乐的产品，依托专业音乐人、DJ、好友推荐及社交功能，为用户打造全新的音乐生活。网易云音乐的目标受众是一群具有一定音乐素养的年轻人，这一点恰恰与抖音平台的目标受众重合。

在网易云音乐平台上，运营者可以利用音乐社区和评论功能对抖音账号进行宣传和推广，还可以利用主页动态进行引流。例如，在网易云音乐平台上，某知名音乐人在个人主页动态中分享歌曲，引来众多用户纷纷评论，如图 6-32 所示。

图 6-32 网易云音乐平台的个人主页动态

6.2.12 线下引流

抖音引流是多方向的，不仅可以线上引流，而且可以线下引流。尤其是本地化的抖音账号，可以通过抖音平台给自己的线下实体店引流。例如，答案茶、蜜雪冰城等品牌都是通过抖音平台吸引大量粉丝前往线下实体店消费的。

通过抖音平台为线下店铺引流的最好方式就是利用"认领 POI 地址"功能，获取店铺地址标签，展示店铺的基本信息，实现从线上到线下的流量转化。运营者使用"认领 POI 地址"功能发布短视频作品，视频中会显示店铺的地址定位，如图 6-33 所示。点击地址定位后，跳转至 POI 功能页面，在该页面会显示具体的店铺信息，以及其他用户发布的与该地址相关的所有视频，如图 6-34 所示。

抖音运营者可以通过 POI 功能页面，与附近的粉丝建立联系，向他们推荐商品、优惠券或店铺活动等，向线下店铺引流，提升店铺转化率。

图 6-33　视频中显示的店铺地址定位　　图 6-34　POI 功能页面

6.3 把抖音粉丝转入微信，打造私域流量池

当抖音账号积累了一定的流量后，抖音电商运营者可以将这些粉丝导流到微信平台，以打造更精准的私域流量池，通过微信平台维护和管理这些精准流量，为更好地实现商业变现打下坚实基础。

6.3.1　利用微信沉淀流量，最大化挖掘粉丝价值

2021 年是微信正式推出的第 10 年，根据腾讯发布的四季度及 2020 年全年财报数据显示，微信的月活跃用户数高达 12.25 亿，是互联网行业中用户数量最多的一个社交平台。不仅如此，微信平台的用户使用率和消息触达率也非常高。所以，抖音电商运营者一定要利用好这个平台，将抖音平台上获取的粉丝导入微信平台，然后通过微信平台沉淀流量，挖掘粉丝价值。

抖音运营者通过在抖音平台上透露自己的微信账号，并通过一定的利益来吸

引抖音用户添加微信，然后在微信平台上深度沉淀用户，引导用户进行转化和分享，形成裂变传播，进而打造一个"抖音平台（引流）→微信平台（导流）→店铺（变现）"的商业闭环，将流量的价值成倍放大，如图 6-35 所示。

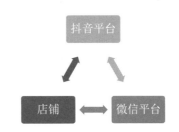

图 6-35 抖音导流微信的商业闭环

例如，一个拥有 200 多万粉丝的抖音平台账号，在其账号主页中透露了自己的微信账号，想要将抖音平台上的粉丝导流至运营者微信公众号或个人微信中；同时，运营者还在微信公众号中开通了微店销售商品，以实现变现的目的，如图 6-36 所示。

 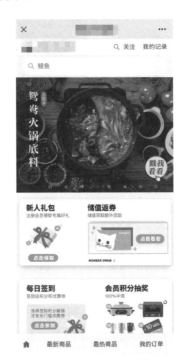

图 6-36 抖音导流微信的实例

6.3.2 抖音导流微信的常用方法

抖音运营者如果将抖音平台导流到微信平台，再经过一定的沉淀，就能获取源源不断的精准流量，从而实现粉丝效益的最大化。下面为大家介绍抖音导流微信的常用方法，以帮助抖音运营者实现平台互推导流。

1. 抖音号导流

抖音号与微信号一样，是一串独有的字符，其他用户凭借这串字符可以快速查找到对应的账号。所以，抖音运营者可以将自己的抖音号直接设置为和微信号一样的，这样就能很方便地将抖音用户引流到微信了，如图6-37所示。

图6-37　抖音账号与微信账号一致

不过，这种导流方式存在一定的弊端，因为抖音运营者的微信账号可能会遇到好友上限的情况，所以建议抖音运营者最好将抖音账号设置为与微信公众号相同，就可以有效避免这个问题。

修改抖音号的操作方法如下。

第1步：在抖音App的个人主页点击"编辑资料"按钮，如图6-38所示。

第2步：进入"编辑资料"界面，点击"抖音号"一栏，如图6-39所示。

第3步：进入"修改抖音号"界面，在"我的抖音号"文本框中输入新的抖音号，点击界面右上方的"保存"按钮，即可完成修改，如图6-40所示。

◆ 第 6 章　吸引粉丝，快速引流

图 6-38　点击 "编辑资料" 按钮　　图 6-39　点击 "抖音号" 一栏　　图 6-40　修改抖音号

> **提示**　根据规定，抖音号 30 天内只能修改一次，所以抖音运营者在修改前一定要考虑清楚，选择最常用的一个微信号进行导流。

2. 抖音账号名字导流

抖音账号名字导流，即在抖音账号名字中设置微信号，如图 6-41 所示。不过抖音平台对账号名字的审核非常严格，所以抖音运营者在使用该方法导流时需要格外谨慎。

修改抖音账号名字的方法也很简单，与修改账号的方法相似。在抖音 App 的个人主页点击 "编辑资料" 按钮，进入 "编辑资料" 界面后，点击 "名字" 一栏，进入 "修改名字" 界面，输入新名字后点击 "保存" 按钮，即可完成修改，如图 6-42 所示。

图 6-41　抖音账号名字导流

图6-42 修改抖音账号名称

3. 抖音账号简介导流

抖音账号简介的编写原则是"描述账号+引导关注",所以抖音运营者还可以利用抖音账号简介引导用户关注微信号,如图6-43所示。抖音运营者在编写账号简介时,可以前半句描述账号特点或功能,后半句引导关注微信号。账号简介可以用多行文字,但注意在展示微信号时不要直接标注"微信"二字,可以使用拼音简写、同音字或其他相关符号代替。

4. 抖音背景图片导流

抖音账号个人主页中的背景图片的

图6-43 抖音账号简介导流

展示面积较大,如果在背景图片中展示微信账号,很容易被人看到,导流效果也会非常好,如图6-44所示。

第6章 吸引粉丝，快速引流

更换抖音背景图片的设置方法如下。

第1步：在抖音App的个人主页点击背景图片，接着继续点击"更换"按钮，如图6-45所示。

第2步：弹出快捷菜单，可以选择拍一张背景图片、从相册选择背景图片或从图库选择背景图片，这里以从图库选择背景图片为例进行讲解，点击"从图库选择"选项，如图6-46所示。

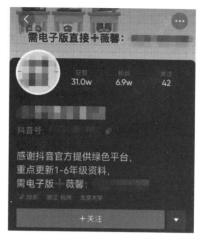

图6-44 抖音背景图片导流

第3步：进入图库，这里有很多现成的背景图片供用户选择，选择心仪的背景图片，点击"设为背景图"按钮即可将该图片设置为背景图片，如图6-47所示。

图6-45 点击"更换"按钮

图6-46 点击"从图库选择"选项

图6-47 点击"设为背景图"按钮

4.抖音个人头像导流

抖音账号的头像都是图片，如果能在其中展示微信号，也能起到一定的导流作用。而且，隐藏在头像中的微信号不易被系统识别，能够顺利通过抖音平台的审核。但是由于头像的展示面积较小，用户必须要点击放大头像后，才能看清楚里面展示的微信号信息，所以这种方法的导流效果一般。

另外，如果使用带有微信号的头像，需要提前通过 PS 等工具编辑图片。更换头像的方法也很简单，直接点击账号主页中的头像，点击"更换头像"按钮，选择提前编辑好的头像即可，如图 6-48 所示。

图 6-48　更换头像

> **提示**　抖音平台对于设置微信号的个人头像管控很严格，为了避免封号风险，不建议抖音运营者使用个人头像导流。

5. 抖音短视频作品导流

在抖音短视频作品中展示微信号信息，也是一种非常不错的导流方法。在短视频作品中展示微信号信息的方式有很多，比如，通过播主口述微信号信息，或者通过视频的背景画面展示微信号信息。只有短视频作品的质量好，其播放量才能大，曝光率才能高，导流的效果也才能更好。

6.4　答疑解惑

1. 私域流量与公域流量的特点

私域流量和公域流量都是抖音电商运营的重点，也是抖音商家实现商业变现的基础。私域流量中带有一个"私"字，自然是指那些个人、私人范围内的流量；公域流量则与之相反，是指那些流量平台上的公开流量。私域流量和公域流量的特点如图 6-49 所示。

随着各平台流量竞争加剧，流量红利消失殆尽，商家们想获得公域流量变得越来越困难，这时商家不得不积极打造自己的专属私域流量池，以摆脱平台的流量分配限制，提升流量的商业价值。

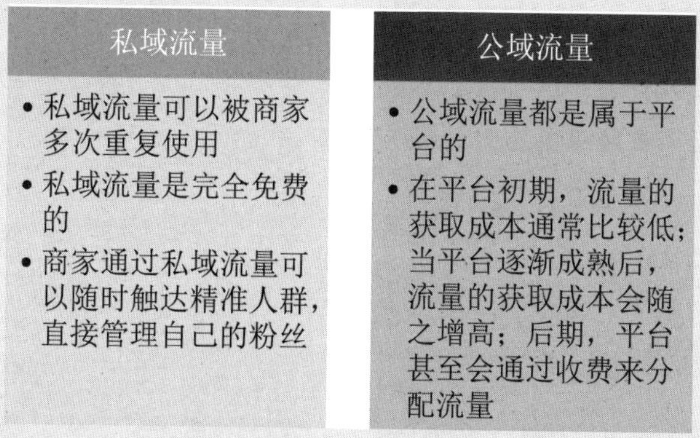

第6章 吸引粉丝，快速引流

私域流量	公域流量
• 私域流量可以被商家多次重复使用 • 私域流量是完全免费的 • 商家通过私域流量可以随时触达精准人群，直接管理自己的粉丝	• 公域流量都是属于平台的 • 在平台初期，流量的获取成本通常比较低；当平台逐渐成熟后，流量的获取成本会随之增高；后期，平台甚至会通过收费来分配流量

图6-49 私域流量与公域流量的特点

2. 抖音引流的注意事项

引流对于抖音电商运营工作来说非常重要，为了使抖音引流达到一个理想的效果，抖音电商运营者们不仅在运营初期要对抖音账号进行养号操作，而且必须了解抖音引流的一些注意事项。千万不能为了一时的流量，而破坏了账号在抖音平台和用户心中的形象。

（1）选择合适的发布时间

在发布抖音短视频时，必须保持一定的作品发布频率，来保证账号的活跃度，尽量做到每周至少发布2~3个短视频作品，并对其进行精细化运营，让每一条视频都尽可能上热门。

为了增加短视频作品的曝光率，让更多的人看到，抖音运营者一定要选择平台的流量高峰时间段发布短视频作品。抖音官方数据显示，大众流量高峰期常出现在饭前和睡前，大部分用户会选择在这两个时间段内观看抖音短视频。所以，抖音平台上发布短视频作品的黄金时间段为11：00~13：00和18：00~22：00。另外，在周末和节假日，抖音用户的活跃度会更高，抖音运营者可以选择在周末和节假日多发布一些短视频作品。

同样的作品在不同的时间段发布，效果肯定是不一样的，因为流量高峰期人多，这时发布的短视频作品必然会被更多人看到。

> **提示** 如果一次性制作了好几个短视频作品，千万不要同时发布，每个短视频作品的发布时间至少间隔1小时。

（2）广告植入要适当软化

大多数抖音商家为了达到视频变现的目的，都会在短视频作品中植入广告信息，吸引用户购买视频中的商品。抖音用户观看短视频更多的是为了娱乐消遣，如果一味地在短视频作品中展示商品，引导用户购物，很容易使他们产生抵触情绪。用户一看到广告意味很浓的短视频作品，就会直接忽略不看。

抖音商家不是不能在短视频作品中植入广告，而是在植入广告时，要尽量将广告软化，使用户对短视频作品中的广告信息不产生反感情绪。比如，可以针对商品设计相关的剧情，让用户觉得短视频内容很有趣，同时也能从短视频中看到商品的使用效果，如图6-50所示。

图6-50　在剧情类短视频作品中植入广告信息

（3）不要频繁地进行类似的操作

抖音电商运营者在引流的过程中最好不要频繁地进行类似的操作，如频繁地修改账号名称、头像、简介等个人信息。之所以不能频繁地进行类似的操作，原因主要有以下4个。

➢ 频繁地进行类似的操作，会使平台对账号的正常性产生怀疑。一旦平台认定该账号运营不正常，势必会对该账号进行降权处理。

➢ 抖音运营者在抖音平台上进行的相关操作，如更改个人信息、发布视频等，平台都会对其进行相关审核,如果频繁地进行类似的操作,会增加平台的工作量,使平台对账号产生不好的印象。

> 频繁地进行类似的操作也会消耗运营者大量的精力和时间。

> 抖音用户往往是因为对账号发布的内容感兴趣,才选择关注该账号的。如果频繁地进行类似的操作,有可能使用户无法顺利找到自己感兴趣的内容,进而取消关注该账号。

(4)不要随意删除视频作品

很多短视频发布后,不会立刻获得大量的流量,往往需要沉淀一段时间后才会逐步火爆起来。在抖音平台上,有一个核心词叫作"时间性"。这个"时间性"主要就体现在发布初期那些默默无闻的作品,它们经过一段时间的沉淀后,才能得到平台的流量扶持或曝光。

很多抖音运营者都有一个不好的习惯,就是当他们发现自己发布的某个视频作品的整体数据较差时,就会把这个视频作品删除。但随意删除作品对账号的影响非常大,不仅会减少抖音账号上热门的机会,而且会影响该账号当下已经拥有的整体数据,降低账号权重。因此,建议抖音运营者千万不要轻易删除自己之前发布的短视频作品,尤其是当自己的账号还处于稳定成长阶段时。

第 7 章
抖音营销推广

这是一个"酒香也怕巷子深"的时代。在抖音平台上,各类短视频作品层出不穷,如果抖音电商运营者发布了短视频作品之后,不及时进行营销推广,随时都有可能淹没在海量的短视频作品中。本章将从抖音短视频营销推广方面入手,为大家详细介绍短视频营销推广的基本技能,帮助运营者深入挖掘抖音短视频的营销推广能力,使自己发布的短视频作品能够在抖音平台上获得更好的营销效果。

7.1 用"DOU+"工具将短视频推上热榜

"DOU+"工具是抖音短视频平台为创作者提供的一款付费视频加热工具,类似于淘宝平台的直通车推广工具。运营者付费购买"DOU+"工具后,抖音平台会将视频推荐给更多用户,从而提高视频的播放量和曝光率。简单来说,"DOU+"工具的实质就是花钱购买流量,获得抖音平台额外提供的推荐机会。

7.1.1 投放"DOU+"的方法

在抖音平台上,运营者既可以为自己的短视频作品投放"DOU+",又可以为别人的短视频作品投放"DOU+"。下面就介绍这两种投放"DOU+"的方法。

1. 为自己的短视频作品投放"DOU+"

刚发布的短视频作品,往往没有什么人气,这时运营者可以借助"DOU+"工具为自己的短视频作品引流。为自己的短视频作品投放"DOU+"的具体操作步骤如下。

第 1 步:进入抖音账号的个人主页,点击界面中的"☰"按钮,在弹出的快捷菜单中点击"创作者服务中心"选项,如图 7-1 所示。

第 2 步:进入"创作者服务中心"界面,向下滑动页面,点击"通用能力"一栏中的"DOU+ 上热门"选项,如图 7-2 所示。

第 7 章　抖音营销推广

图 7-1　点击"创作者服务中心"选项　　图 7-2　点击"DOU+上热门"选项

第 3 步：进入"DOU+上热门"界面，选择需要上热门的短视频作品，点击视频下方的"上热门"按钮，如图 7-3 所示。

第 4 步：进入"DOU+"投放界面，选择"DOU+上热门"的投放模式，有"速推版"和"定向版"两种投放模式，这里以"速推版"模式为例。在该页面中设置投放信息，点击"支付"按钮，支付相应费用，即可完成"DOU+"投放计划，将短视频作品推上热门，如图 7-4 所示。

图 7-3　"DOU+上热门"界面　　图 7-4　设置"DOU+"投放信息

2. 为别人的短视频作品投放"DOU+"

除了为自己创作的短视频作品投放"DOU+",抖音用户还可以为自己喜欢的作品投放"DOU+",帮助自己喜欢的作品上热门。

第1步:打开需要推广的短视频作品,点击界面右下方的"转发➦"按钮,如图7-5所示。

第2步:弹出"转发"页面,点击该页面中的"DOU+帮上热门"按钮,如图7-6所示。

第3步:进入"DOU+"投放界面,选择"DOU+上热门"的投放模式,设置投放信息,并点击"支付"按钮,完成支付即可成功为该短视频作品设置"DOU+"投放计划,如图7-7所示。

图7-5 点击"转发"按钮　　图7-6 点击"DOU+帮上热门"按钮　　图7-7 设置"DOU+"投放信息

7.1.2 如何实现"DOU+"投放效果最大化

抖音商家通过"DOU+"工具推广引流,肯定是希望自己的抖音账号和短视频作品能够获得更多的流量与热度。但要实现"DOU+"投放效果最大化,就需要掌握一些"DOU+"投放的相关技巧。

1. 选择"DOU+"投放时间

抖音平台上,短视频作品通常有一个"助燃黄金期",只要运营者把握住这个

"助燃黄金期"，就能利用"DOU+"工具成功将短视频推上热门。抖音短视频的"助燃黄金期"一般为短视频作品发布后的1~2小时内，这个时间段是"DOU+"投放的最佳时间。

为何抖音短视频的"助燃黄金期"是短视频作品发布后的1~2小时呢？因为对于新发布的短视频作品，抖音平台会为其提供一定的"流量红利"，在获得抖音平台为作品提供的"流量红利"后，对其进行"DOU+"投放，就能顺势为短视频作品"续力"，从而使短视频作品在初期自然流量和"人为续力"的双重加持下，达到流量的最高峰。

同时，投放"DOU+"的额度，不宜一次投入过多，应适量投放，之后再按照具体情况判断是否追加。建议投放额度小于500元时，投放时长设置为6小时，并根据抖音平台的用户活跃高峰期（每天18：00~24：00）投放"DOU+"。例如，某账号为其发布的首条短视频作品投放"DOU+"，其投放额度可以设置为100元，投放时间选择在18：00，投放时长设置为6小时，到24：00结束，刚好涵盖了抖音平台的整个用户活跃高峰期。

2. 选择"DOU+"投放模式

"DOU+"投放模式有两种："速推版"和"定向版"。"速推版"是抖音平台将投放"DOU+"的短视频作品智能推荐给平台用户；而"定向版"则可以自定义选择推荐人群。了解"DOU+"不同的投放模式的特点后，运营者才能更有针对性地进行"DOU+"投放，获取精准流量。

（1）速推版"DOU+"投放模式

在"速推版"投放模式中，可以直接选择推荐人数和需要提升的指标，如图7-8所示。一般来说，100元可以得到5000个推荐量，相当于每个播放量需要付费2分钱。而需要提升的指标则包括点赞评论量和粉丝量两项指标。运营者可以根据作品的投放目的和自己的资金预算，灵活进行"DOU+"投放。

（2）定向版"DOU+"投放模式

在"定向版"投放模式中，可以选择"系统智能推荐"和"自定义定向推荐"，如图7-9所示。

"系统智能推荐"是由系统根据视频内容投放给有相同兴趣的用户。例如，视频内容是关于美食的，那么系统就会自动推荐给经常浏览美食类视频内容的用户。另外，"系统智能推荐"还可以自主选择期望提升的指标（点赞评论量、粉丝量、主页浏览量）和投放时长（2小时、6小时、12小时、24小时），如图7-10所示。

图 7-8 速推版"DOU+"投放模式的设置界面

图 7-9 定向版"DOU+"投放模式的设置界面

图 7-10 "系统智能推荐"中可以设置期望提升的指标和投放时长

> **提示** 在抖音账号粉丝量比较少的情况下,建议优先选择提升粉丝量,当粉丝达到一定量级再提升其他指标。

"自定义定向推荐"可以对投放人群的性别、年龄、地域、兴趣标签进行自定义设置，还可以把作品推荐给账号粉丝相似的用户，如图 7-11 所示。

在"DOU+"投放时，运营者需结合自己的账号内容及目标粉丝画像来选择投放人群，让投放效果实现最大化。例如，某美妆类抖音账号，目标用户信息为"全国范围内年龄在 18~30 岁，且对美妆产品感兴趣的女性用户"，在进行"DOU+"投放时，运营者就可以根据此目标用户信息进行"自定义定向推荐"投放设置，如图 7-12 所示。

抖音的"DOU+"投放还支持"达人相似粉丝"推荐，可将自己的视频内容推荐给垂类达人粉丝或与该类达人相似的用户群体。例如，美妆账号在进行"DOU+"投放时，可选择与美妆相关的达人，使投放人群更加精准，如图 7-13 所示。

图 7-11 "自定义定向推荐"设置界面

图 7-12 某美妆账号的"自定义定向推荐"设置　图 7-13 选择"达人相似粉丝"推荐

只有将视频内容精准地投放到目标用户面前，才能取得更好的推广效果。运营者可以根据自己的账号内容和投放目的，灵活选择具体的投放策略。当然，选择的目标人群越精准，推广费用也会相对越高一些。

3. "小额多次"投放

进行"DOU+"投放时，应遵循"小额多次"的原则，即选择多次投入，但每次投入的金额不宜太多。尤其是刚开始进行"DOU+"投放的新手，千万不要一次性投入太多金额，遵循"小额多次"的原则投"DOU+"，可以获得更好的投放效果。另外，在投放期间还要注意数据的变化，及时作出调整和优化。

例如，某运营者准备花费1000元推广费用为自己的一条短视频作品进行"DOU+"投放，遵循"小额多次"原则，可以每次投放100元，先后分10次进行投放。在投放过程中随时观察该短视频作品的数据表现，当数据下滑时，就投放一次，直至将1000元推广费用投放完为止。

7.1.3 "DOU+"投放无法过审的原因

在抖音平台上，"DOU+"视频的投放需要经过严格的审核，审核通过后才可投放。如果在投放"DOU+"视频时，系统提示"视频审核不允许通过"，说明该条视频内容不符合"DOU+"投放规则。

投放"DOU+"不仅要自觉遵守抖音平台制定的《抖音网络社区自律公约》，而且要遵守一些更严格的未成年和营销相关的内容规范。具体的"DOU+"投放审核规则（部分），见表7-1。

表7-1 DOU+投放审核规则（部分）

规则名称	具体内容
社区内容规范	（1）不能涉及国家领导人、公检法军、国家机关、国徽国旗等形象或词语 （2）不能涉及社会负面事件、热点事件、敏感事件、红歌军歌、革命烈士等 （3）不能涉及邪教宗教、封建迷信、反动组织等相关元素 （4）不能涉及违法违规、低俗色情、血腥恐怖相关元素 （5）不能出现违反公序良俗、社会价值观相关元素，如出轨、家暴、炫富、歧视、引战、抽烟、脏话、整蛊、恶搞、虐待等 （6）尊重版权，推广内容不得使用侵犯第三方合法权益的元素（包括文字、图片、视频、创意等） （7）不能出现危害未成年人或残疾人身心健康的内容 （8）未成年人不能作为代言人拍摄商业营销内容 （9）不能出现其他抖音平台认为不适合出现的推广内容

续表

规则名称	具体内容
版权法律风险	（1）不能使用未授权的第三方的名字、Logo、形象、图片、音频、视频等（若投放相关素材，则需要单独确认） （2）不能使用未经艺人、红人等权利人授权的涉及其肖像权、姓名权、知识产权等相关素材 （3）不可使用未授权的影视剧、综艺片段等素材 （4）不可搬运站内外视频
未成年人相关	（1）未成年人不能作为代言人拍摄加热内容 （2）未成年人不可参与营销视频的拍摄 （3）高风险行业（食品、美妆、游戏、酒水、医疗、OTC药品、医疗器械、皮草等）严禁出现任何未成年人相关内容 （4）其余行业不允许未成年人为主体出境
视频内容加热规范	（1）不可出现扰乱社会秩序的内容 （2）不可出现违反公序良俗、社会价值观相关内容 （3）不可出现违法行为 （4）不可出现风险内容 （5）不可出现引人不适内容

"DOU+"的审核机制极为严格，很多新手在初次投放"DOU+"时，都会因为不熟悉投放规则而出现审核不通过的情况。常见的"DOU+"视频审核被驳回的原因见表7-2。

表7-2 "DOU+"视频审核被驳回的原因

原因名称	具体原因	举例说明
视频和视频描述中出现了联系方式	如电话、微信号、QQ号、二维码、微信公众号、地址等	"想获取摄影视频教程大全加微××××××"
包含明显的营销招揽信息	如标题招揽、视频口播招揽、视频海报或传单招揽、价格信息、标题产品功效介绍等	（1）标题招揽："没时间辅导孩子功课？就找×××" （2）口播招揽（品牌功效）："××护理凝胶，涂在蚊虫叮咬处，10秒快速止痒，各种皮肤小问题均可使用" （3）价格招揽："××沐浴露，原价99元，现在只需59元，全国包邮"

续表

原因名称	具体原因	举例说明
明显的品牌营销信息	如品牌定帧、商业字幕、非官方入库商业贴纸、非官方入库音乐等	（1）品牌定帧：在视频中出现某App下载广告的帧数画面 （2）商业字幕：视频右上角出现商业字母广告 （3）非官方入库贴纸
指向性的企业店铺名称	如恶意诋毁店铺或故意抬高店铺	"不像某某家的洗面奶，用了会过敏"

> **提示** 如果遇到"DOU+"视频确实无法投放或审核不通过的情况，之前预付的推广费用将于4～48小时内退回至DOU+账户，可在下次投放时使用或提现。

7.2 运用抖音产品体系进行营销推广

抖音平台拥有非常完善的产品体系，包括各类话题讨论、原创音乐及创意贴纸等，抖音电商运营者可以利用这些产品进行短视频的内容营销、互动引导和成交转化，从而快速实现自己的营销推广目标。下面就为大家详细介绍一下如何运用抖音产品体系进行营销推广。

7.2.1 利用"话题挑战赛"引爆营销能量

抖音平台推出的"话题挑战赛"是不少抖音商家进行内容营销的利器。通常，由商家发起的"话题挑战赛"都会设置一定的奖励，以吸引用户参与，从而增加品牌的曝光度。有了奖励的刺激，用户参加"话题挑战赛"的积极性非常高，往往能够起到引爆营销的效果。

例如，某运动品牌商家在抖音平台发起的"话题挑战赛"，抖音用户只要按照活动要求发布相关视频，并添加活动话题就能赢得奖品，如图7-14所示。

 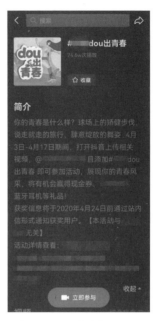

图 7-14 某运动品牌发起的抖音"话题挑战赛"

7.2.2 利用抖音原创音乐共创热点传播

音乐是抖音短视频的核心之一,也是抖音商家与用户产生链接的有效方式。抖音电商运营者可以打造与品牌相关的原创音乐,通过一些营销手段促使抖音用户使用该音乐,共创热点,形成裂变传播。

例如,《蜜雪冰城主题曲》的歌词简单、旋律"洗脑",这首略带"土味"的品牌主题曲一夜之间火爆网络,使其品牌知名度也迅速提升。在抖音平台上,该歌曲一度位列热歌榜第 4 名,使用人数达到了 126 万,如图 7-15 所示;"蜜雪冰城主题曲"相关话题的视频播放量更是高达 24.9 亿次,如图 7-16 所示。

7.2.3 使用抖音"Link计划"提升内容流量

Link 译为联系、链接的意思。抖音平台推出的"Link 计划"将品牌营销诉求与原生视频流量合理匹配,在原生视频中设置广告链接,让用户可以更好地进入某些信息页面,从而达到内容流量曝光、触达目标人群的目的。

图 7-15　抖音上《蜜雪冰城主题曲》的歌曲页面　图 7-16　"蜜雪冰城主题曲"话题页面

抖音"Link 计划"相较于平台上的其他营销产品，具有独特的营销优势，主要体现在 4 个方面，如图 7-17 所示。

海量内容 合理匹配
• "Link计划"基于抖音平台的海量原生内容，根据目标人群及场景特点，与内容标签合理匹配，最优触达目标人群
优质曝光 原生传播
• 同时拥有视频主页和评论置顶区域两大优质曝光点位，实现抖音站内原生传播；内容和广告相结合，节约广告视频制作成本
落地定制 灵活创意
• 支持点击跳转外链及内链落地页，满足不同行业客户下载、宣传、分发等多场景诉求，灵活定制，提升转化效果
样式多样 品效合一
• Link组件具备文字链、弱冠名、强冠名 3 种样式，满足客户不同的投放需求和品效合一的诉求

图 7-17　抖音"Link 计划"的营销优势

在抖音平台上,"Link 计划"有两大核心曝光点位,即视频主页(在视频主页添加商品和其他链接)和评论置顶区域(在视频评论区添加置顶的商品和其他链接),如图 7-18 所示。

图 7-18 "Link 计划"的核心曝光点位

7.2.4 使用抖音的互动功能进行营销推广

进行抖音营销推广,如果只是单纯地将营销信息传递给用户是不够的,运营者还需要通过互动引导,抓住共同的利益点,使用户与自己的抖音账号和作品之间能够产生更强的联系,甚至直接购买商品。要想增强抖音账号和作品的互动性,可以使用创意贴纸、挂件和扫一扫这 3 项抖音互动工具。

1. 创意贴纸

抖音平台上拥有种类丰富的创意贴纸,经常可以看到用户使用这些创意贴纸拍摄短视频作品,并取得不错的播放效果。据相关数据统计,抖音平台上使用率最高的贴纸,其日曝光量超过了 1 万次,这足以说明创意贴纸在抖音平台上的受欢迎程度。

抖音平台为用户提供了大量的创意贴纸,用户只需点击拍摄界面中的"道具"

按钮，便可以查看各类贴纸，甚至还可以直接使用某个贴纸拍摄短视频作品，如图 7-19 所示。

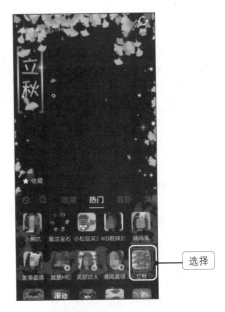

图 7-19　查看并使用贴纸

有经验的抖音运营者可以与抖音官方设计师合作，或者自己打造品牌创意贴纸，这样便可在其他用户使用贴纸的同时，达到增强品牌曝光的目的。

2. 挂件

挂件是指在原本视频内容之外增加的一些附件。抖音运营者可以通过挂件激发用户参与品牌的相关活动，扩展品牌的展示空间。在抖音平台，挂件大致可以分为两类，即视频挂件和头像挂件。

视频挂件，是指在原有视频内容的基础上挂出来的一些附件，如图 7-20 所示。这些挂件往往是由抖音官方统一挂上去的。因此，挂件的具体内容通常是抖音官方推出的某个重大活动，或者是某个品牌通过抖音官方进行的广告营销。

头像挂件，是指在头像周围（通常是在头像上方）挂出来的一些附件。这类挂件通常不是由抖音官方自动挂上去的，如果用户需要，可以自行在抖音平台申请、设置头像挂件。获得头像挂件后，无论是视频播放界面的头像，还是个人账号主页中的头像，都会显示挂件信息，如图 7-21 所示。

第7章 抖音营销推广

图 7-20 视频挂件

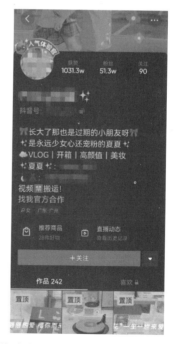

图 7-21 头像挂件

3. 扫一扫

抖音平台上也有"扫一扫"功能，用户点击抖音主界面中的"搜索🔍"按钮，进入"搜索"界面，可以看到搜索框右侧的"▣"图标，这便是抖音"扫一扫"功能的入口，如图 7-22 所示。

图 7-22 抖音"扫一扫"功能的入口

点击"▣"图标，即可进入抖音"扫一扫"功能界面，如图 7-23 所示。在该界面中，用户可以扫描相关的二维码。点击该界面下方的"我的抖音码"按钮，即可进入"我的抖音码"界面，查看和保存自己的抖音二维码，如图 7-24 所示。

图 7-23 抖音"扫一扫"功能界面　　图 7-24 "我的抖音码"界面

抖音商家可以借助抖音"扫一扫"功能，将自己的抖音码保存至手机相册。然后，通过各种社交渠道来进行账号引流，让潜在客户通过扫描抖音码关注自己的抖音账号。

7.2.5 添加创意信息提高点击率和转化率

对于抖音营销来说，创意也很重要。如果抖音账号的营销内容毫无创意，那肯定是没有办法吸引用户点击的，更不可能实现商品的销售转化。要想提高营销内容的点击率和转化率，抖音运营者可以在短视频作品和账号中添加一些创意信息，以突显内容的亮点，提高相关链接的点击率，促进商品的高效转化。

1. 查看详情

"查看详情"是信息流模块中较为常见的一种按钮设置，用户通过信息流视频广告中的"查看详情"按钮，可以一键直达相关信息页面。例如，点击某信息流视频广告中的"查看详情"按钮，即可直达商品购买页面，如图7-25所示。

图 7-25　通过"查看详情"按钮链接商品购买页面

如果运营者想要让用户了解商品或店铺详情，甚至购买商品，就可以通过"查看详情"按钮，引导用户进入对应页面。

2. 磁贴显示

磁贴是一种类似于小卡片的附件，主要粘贴在短视频作品和信息流广告中，用户点击磁贴，即可直达相关信息页面，如图7-26所示。其实，磁贴与信息流广告中设置的按钮很相似，都是为了引导用户进入相关信息页面，只是显示的形式有所不同。不过与信息流广告中设置的按钮相比，磁贴最大的不同在于，用户可以直接关闭弹出的磁贴。

图 7-26　磁贴显示

3. 下载直达

信息流体系模块中还有一种常见的按钮，就是"立即下载"按钮。如果抖音运营者需要引导用户下载某个 App，就可以在信息流广告中设置"立即下载"按钮，使用户能够直达下载界面，从而有效提升该应用的下载量。

例如，用户只需点击某信息流广告中的"立即下载"按钮，即可跳转至该 App 的下载和安装界面，下载和安装该 App，如图 7-27 所示。

4. 特效展示

随着抖音功能的升级，如果用户使用了特效道具，就会在视频中的账号名上方展示出来，用户只需点击特效道具的按钮，就可跳转至该特效道具的相关话题界面，如图 7-28 所示。

第 7 章 抖音营销推广

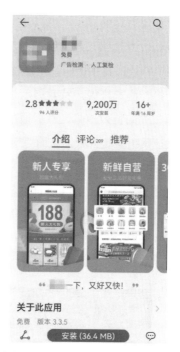

图 7-27 下载直达

图 7-28 特效展示

通过特效道具的展示，可以让用户知道视频中使用的特效道具是什么，如果用户对该特效道具感兴趣，就可以点击对应按钮，进入该特效道具的相关话题界面，使用该特效道具拍摄同款短视频。

对于抖音商家来说，特效展示是一种极具创意的营销方式。商家可以设计与自己品牌相关的特效道具，然后通过短视频作品展示特效道具，吸引其他用户使用该特效道具拍摄短视频，从而凭借打造热点话题来提高品牌的传达率。

5. 电话拨打

抖音平台上进行了 POI 地址认领的店铺，其店铺信息展示界面中通常都会设置"电话拨打"，以方便用户直接联系店铺商家。例如，某短视频作品中设置了 POI 地址，用户只需点击 POI 地址链接，即可跳转至店铺信息展示界面，接着点击该界面中的"📞"按钮，便可呼叫该店铺设置的电话号码，如图 7-29 所示。

图 7-29　在 POI 地址拨打店铺电话

7.3　抖音搜索

抖音的搜索版块往往容易被人忽视，但又恰恰是抖音运营者应该重点把握的地方。因为很多抖音用户都会通过搜索来查找内容，如果抖音运营者能够用好搜索版块，粉丝就会主动找上门，从而为账号和短视频作品带来极为可观的流量。

7.3.1 猜你想搜：搜索感兴趣的内容

抖音搜索界面中的"猜你想搜"版块，主要是根据用户对智能推荐短视频的态度，获取用户的兴趣特征，并向其进行个性化推荐。抖音用户进入搜索界面，即可看到"猜你想搜"版块，点击版块中的任一条内容信息，即可看到大量与该内容信息相关的视频、用户、商品、直播等，如图 7-30 所示。

图 7-30 "猜你想搜"版块

"猜你想搜"版块显示的都是抖音用户搜索次数较多的内容，这些内容能够聚合大量的兴趣人群。如果运营者能够打造出与之相关的内容，自然就能够吸引大量对该内容感兴趣的用户关注。

7.3.2 抖音热榜：查看热点内容带来流量

"抖音热榜"，顾名思义，就是根据实时热度对抖音平台的内容信息进行排名展示的榜单。该版块位于抖音搜索界面中"猜你想搜"版块的下方，如果用户对某一热度内容信息感兴趣，就可点击该内容信息查看相关内容，如图 7-31 所示。

图 7-31 "抖音热榜"版块

"抖音热榜"是抖音平台衡量内容热度的重要榜单，运营者在打造短视频作品时，可以借助这些平台热点，使自己的视频作品更具吸引力。

7.3.3 直播榜：查看直播排名情况

"直播榜"是根据抖音平台的实时直播数据进行直播账号排名展示的榜单。有时候用户想要在抖音平台上观看直播，但又不会知道哪个账号正在直播，或者不知道具体看哪个账号的直播，就可以根据"直播榜"来选择人气较高的直播进行观看。用户只需要点击"直播榜"中的直播账号，即可进入直播界面，观看该账号正在进行的直播，如图 7-32 所示。

"直播榜"中排名靠前的直播账号，其直播能力和引流能力都非常强，其中不乏十分优秀的带货直播账号和带货主播。运营者可以通过观看这些优秀的带货直播，学习直播带货技巧，以便自己账号也能通过直播带货获取可观的销量。

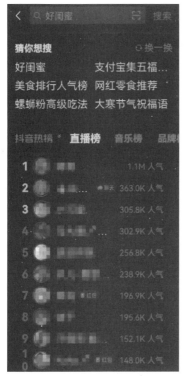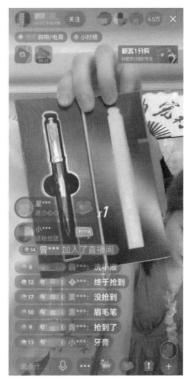

图 7-32 "直播榜"及直播界面

7.3.4 音乐榜：查看音乐排名情况

在抖音平台上，一条短视频作品能不能火起来，背景音乐非常关键。如果短视频作品的背景音乐非常受用户喜欢和关注，那么该短视频作品自然会受用户喜欢和关注。因此，抖音运营者在打造短视频作品时，可以借助"抖音音乐榜"寻找最受抖音用户欢迎的音乐，将其加入自己的短视频作品中。

在抖音搜索界面，将选项卡切换到"音乐榜"，点击任一歌曲，或者点击当前页面底部的"查看完整音乐榜"按钮，即可进入完整的"抖音音乐榜"界面，在完整的"抖音音乐榜"中可以分别查看"热歌榜""飙升榜""原创榜"，如图 7-33 所示。如果想查看歌曲详情，可以在"抖音音乐榜"中点击歌曲旁边的"▤"按钮，进入歌曲页面，查看该歌曲相关视频，或者使用该歌曲拍摄短视频，如图 7-34 所示。

图 7-33 "抖音音乐榜"版块

图 7-34 抖音歌曲页面

7.3.5 品牌榜:查看同行排名情况

"品牌榜"是抖音平台根据品牌的热度进行排名展示的榜单。在抖音搜索界面,将选项卡切换到"品牌榜",点击当前页面底部的"查看完整品牌榜"按钮,即可查看完整的"品牌热 DOU 榜",如图 7-35 所示。

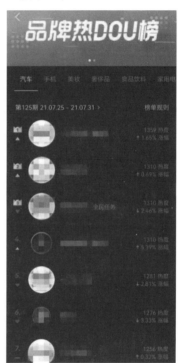

图 7-35 "品牌热 DOU 榜"版块

在"品牌热 DOU 榜"中可以查看汽车、手机、美妆、奢侈品、食品饮料等多个行业的品牌榜单,每个榜单会对行业内热度排名前 30 位的品牌进行展示。

通过"品牌热 DOU 榜"既可以查看行业内品牌的抖音热度排名情况,又可以查看具体的品牌账号运营情况。点击"品牌热 DOU 榜"中的任一品牌账号,即可查看该品牌账号的热度指数、粉丝数、本周涨粉、被转发数及收获赞数等关键运营数据,同时还可以关注该品牌账号,查看该品牌的相关短视频作品,如图 7-36 所示。

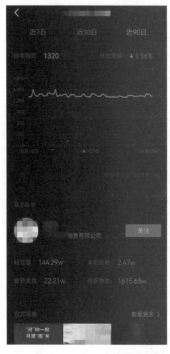

图 7-36　查看品牌账号的运营情况并关注品牌账号

7.3.6　抖音短视频SEO优化技巧

SEO，即搜索引擎优化，是指通过对内容的优化来获得更多流量，从而实现自身的营销目标。不少抖音用户都会通过搜索的方式来查找自己感兴趣的内容。因此，抖音运营者可以通过抖音短视频 SEO 优化，实现内容霸屏，让自己的短视频作品和抖音账号能够在短时间内获得大量用户的关注，实现粉丝的快速积累。

抖音短视频 SEO 优化的关键在于视频关键词的选择，通常来说，选择视频关键词有两种方法：一是根据视频内容直接确定关键词；二是通过预测方式选择关键词。

1. 根据视频内容确定关键词

视频关键词必须符合抖音账号的定位及短视频的内容。如果关键词与视频内容不对应，观看视频的用户很有可能就会直接滑走。选取关键词的意义在于留住观看视频的用户，如果选择的视频关键词不能留住用户，那也就没什么作用了。

2. 通过预测方式选择关键词

除了根据内容确定视频关键词外，还可以通过预测方式来选择视频关键词。那么，如何预测用户搜索的关键词呢？通常来说，运营者需要预测的是用户搜索量较高的热点关键词。热点关键词源于社会上的热点新闻事件,当热点新闻事件发生后,就会出现一大波新关键词,其中搜索量最高的关键词就被称为"热点关键词"。抖音运营者要抢占最有利的时机预测出热点关键词,并将其用于抖短视频作品中。预测热点关键词的方向主要有4个,如图7-37所示。

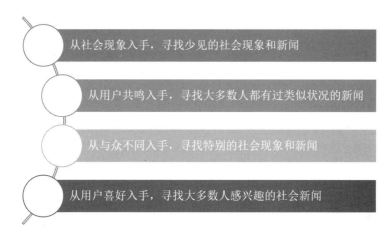

图 7-37 预测热点关键词的 4 个方向

抖音用户在搜索内容时用的关键词可能还会因为季节性或节日等因素出现一定的变化。例如,用户在搜索服装类的内容时,可能会直接搜索"春装""夏装"等包含季节名称的关键词;用户在搜索节日用品的内容时,也可能会直接搜"圣诞礼物""中秋月饼"等包含节日名称的关键词。因此,抖音运营者在预测视频关键词时,还需要考虑季节性或节日等因素的影响。

预测季节性和节日相关的关键词,除了在季节和节日的名称上下功夫外,还可以从节日习俗、节日祝福、特定短语及节日促销4个方面入手,如图7-38所示。

图 7-38 预测季节性和节日相关的关键词

7.4 企业推广（抖音蓝V）

对于抖音平台上的企业运营者来说，进行企业认证，获取一个带有"蓝V"标识的企业账号，是他们运营抖音账号的必然选择。通过企业认证的抖音账号，不仅可以获得抖音官方的认可，以保证企业品牌的唯一性、官方性和权威性；而且能解锁更多企业抖音账号的营销玩法，更好、更快地实现企业的营销目的。

7.4.1 抖音"蓝V"概述

"蓝V"认证，即企业认证，是指抖音平台上具有企业身份的用户可以按照平台规定进行企业账号身份认证。通过企业认证的账号，可以获得一个官方认证标识，即蓝色标识的"V"，以表明自己"蓝V"企业号的身份，如图7-39所示。

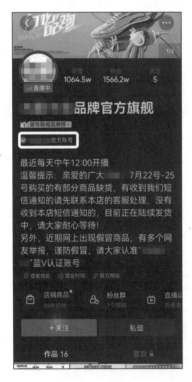 

图 7-39　通过企业"蓝V"认证的账号

"蓝V"企业号于2018年6月1日正式上线，如今已成为抖音企业用户不可忽视的重要营销阵地。通过企业蓝V认证的账号，不仅可以获得官方认证标识，而且可以通过内容发布、用户互动、各类营销功能的组合来完成企业在抖音平台的营销建设。

2019年版《抖音企业蓝V白皮书》显示,截至2019年5月,抖音企业"蓝V"已经覆盖28个一级行业类目、267个二级行业类目,账号数量比去年6月增长了44.6倍,其中包括大众熟知的华为、伊利、安踏等品牌。

7.4.2 申请"蓝V"企业号

申请"蓝V"企业号,也就是在"抖音官方认证"中进行企业认证,开通抖音企业号。申请"蓝V"企业号可以通过PC端完成,也可以通过移动端完成。

1. 通过PC端认证企业号

在PC端登录抖音账号,进入"创作服务平台"页面,点击页面中的"身份认证"按钮,在弹出的选项卡中选择"企业号",点击"去认证"按钮,即可进入企业号的认证入口,如图7-40所示。

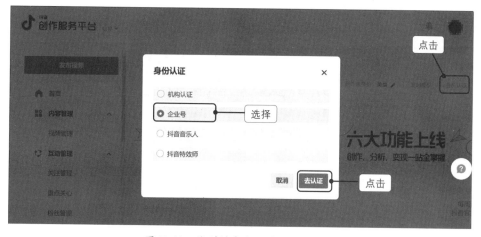

图7-40 找到抖音企业号的认证入口

进入"抖音企业号"主页面后,点击页面中的"立即认证"按钮,弹出"去认证"选择页面,如图7-41所示。用手机扫描页面中的二维码,即可直接在手机端进行企业认证;点击"进入PC端认证流程"链接,即可继续在PC端进行企业认证。

图 7-41 "抖音企业号"主页面

进入"企业认证"页面后，可以看到该页面对审核服务费、企业认证步骤及代理商信息都进行了说明，如图 7-42 所示。如果确定需要进行企业认证，点击页面中的"开启认证"按钮，即可按照认证步骤进行企业认证。

图 7-42 "企业认证"页面

2. 通过移动端认证企业号

与 PC 端认证企业号的操作相比，移动端企业号的认证入口更便捷，认证步骤也更简单，移动端具体的企业认证操作如下。

第 1 步：打开抖音 App，通过账号主页进入"创作者服务中心"界面，点击该界面"通用能力"一栏中的"官方认证"选项,如图7-43所示。

第2步:进入"抖音官方认证"界面,点击"企业认证"按钮,如图7-44所示。

图7-43 点击"官方认证"选项

图7-44 点击"企业认证"按钮

第3步:进入"开通企业号"界面,按要求上传营业执照、进行企业身份验证、填写认证信息并支付审核服务费,即可点亮"蓝V",如图7-45所示。

7.4.3 抖音"蓝V"主要功能详解

有条件的抖音商家通常都会选择进行企业认证,因为通过"蓝V"认证的企业号,抖音平台会为其提供丰富的营销福利及多项专属功能权益,从而为企业营销创造更好的条件。下面就详细介绍抖音"蓝V"的主要功能。

1. 官方认证标识

通过"蓝V"认证的企业号,会在抖音账号主页账号名称的下方显示蓝色标识的"V";同时"蓝V"标识旁边还会展示认证信息,通

图7-45 "开通企业号"界面

常以"××官方账号""××公司"等形式为主,如图7-46所示。抖音用户只要在账号主页看到"蓝V"标识及认证信息,就会明白该账号是"蓝V"认证的企业官方账号,从而提升账号的权威性。

图7-46 官方认证标识

2. 自定义头像

"蓝V"企业号主页可以自定义设置头像,通常是将品牌Logo设置为头像,以此来增强账号的辨识度,彰显账号的权威身份。例如,"华为终端"抖音账号,就是将其品牌Logo设置为头像,让用户一看就知道该账号是哪个品牌的企业号,如图7-47所示。

图7-47 "华为终端"抖音账号的头像

3. 视频置顶

"蓝V"企业号主页可以设置3个置顶视频,优先将相关视频内容进行展示。

例如，下面这两个企业号在账号主页都设置了3个置顶视频，增加重点内容的曝光率，如图7-48所示。

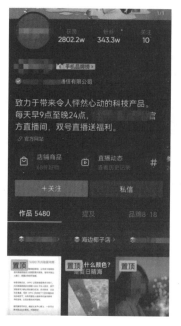
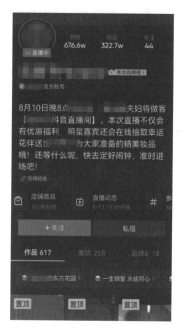

图 7-48 视频置顶

置顶视频的选择很重要，主要从两个方面进行选择：一是选择播放量高、传播率高的视频；二是选择能够与用户产生链接的视频。

4. 认证同步

由于抖音、今日头条及西瓜视频同属字节跳动公司旗下的产品（号称"头条系"），这些平台的认证通道是打通了的。因此，通过"蓝V"企业号认证的账号，可以一站式完成今日头条、西瓜视频等其他"头条系"平台的认证。

"头条系"之间的认证同步功能，不仅可以节约认证时间，而且可以共享粉丝。比如，某企业的今日头条账号积累了一定数量的粉丝，现在在抖音平台上新注册了一个"蓝V"企业号，那么该抖音企业号也会拥有与今日头条账号相同的粉丝量。这也是为什么有些企业号并没有发布太多作品，却拥有一定粉丝量的重要原因。

5. 官网链接

"蓝V"企业号拥有外链按钮设置权，可以在账号主页中设置企业的官方网站、主页等跳转链接按钮。用户只需点击主页中设置好的外链按钮，即可跳转至企业的官方网站、主页等，如图7-49所示。

图 7-49 在企业号主页设置官方网站链接

6. 电话呼出

"蓝 V"企业号可以在账号主页设置电话呼出组件,用户可以通过该组件直接与企业进行电话联系。用户只需点击主页中的"联系电话"按钮,在弹出的对话框中点击对应的电话号码即可与企业联系,如图 7-50 所示。

图 7-50 电话呼叫组件

7. 昵称搜索置顶

用户在通过账号昵称搜索抖音账号时，系统会将"蓝V"认证的企业号置顶，从而使企业的目标客户能够更快地找到企业账号，帮助企业抢占流量入口。例如，在抖音平台上搜索关键词"华为"，从搜索结果中可以看到排名前二的账号分别是华为官方账号和华为终端官方账号，如图7-51所示。

图7-51　昵称搜索置顶

8. 私信自定义回复

"蓝V"企业号具有私信自定义回复功能，可以对用户信息进行自动回复。企业可以借助这个功能为抖音账号自定义设置多种样式的回复内容，比如，在自动回复中展示企业的联系方式、服务范围等内容。该功能既能节约回复消息的人力成本和时间成本，又能有效避免错过任何一个潜在客户。

9. 单独品牌页

通常在个人的抖音账号主页都只能看到"作品"和"喜欢"两个内容版块，如图7-52所示；但"蓝V"企业号的主页除了"作品"和"喜欢"两个版块外，还多了一个"品牌"版块，如图7-53所示。企业可以利用该版块展示品牌信息及相关的商品信息。

图 7-52 普通抖音账号主页

图 7-53 "蓝 V" 企业号主页

10. 认领 POI 地址

"蓝 V" 企业号也可以认领 POI 地址,将线下用户引入线下实体店,对店铺信息进行曝光及流量转化。例如,点击某短视频作品中的"POI 地址"链接,便可跳转至店铺详情信息界面,如图 7-54 所示。

图 7-54 认领 POI 地址

POI 地址认领功能对拥有实体店的企业来说至关重要，因为抖音用户通过"POI 地址"不仅可以查看店铺的相关情况，而且能拨打店铺的电话，并借助导航软件直接前往店铺打卡。

11. 数据分析

"蓝 V"企业号可以通过后台查看账号的运营数据，方便运营人员及时对账号的运营情况进行分析和调整。"蓝 V"企业号数据分析功能可以为运营者提供 5 个方面的数据，如图 7-55 所示。

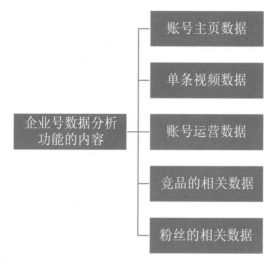

图 7-55　企业号数据分析功能的内容

➢ 账号主页数据："蓝 V"企业号运营者可以查看账号的粉丝总量、粉丝增长数量等数据；同时还能对访问者的年龄、性别等数据进行分析。

➢ 单条视频数据："蓝 V"企业号运营者可以查看某条视频的评论、点赞、转发等数据，并根据这些数据优化视频内容。

➢ 账号运营数据："蓝 V"企业号运营者可以查看账号相关数据的变化趋势，如粉丝增长曲线、点赞增长曲线等。

➢ 竞品的相关数据："蓝 V"企业号运营者可以查看行业账号的整体运营情况，掌握行业发展的趋势。

➢ 粉丝的相关数据："蓝 V"企业号运营者可以查看并分析抖音用户画像，从而更好地了解目标用户的需求，提高企业营销的转化率。

7.5 答疑解惑

1. 什么是"DOU+"币？订单消耗怎么计算？

"DOU+"是一款付费营销工具，在为运营者带来大量流量的同时，也需要运营者投入大量的财力。下面我们就一起来看一下"DOU+"消耗问题，了解什么是"DOU+"币，"DOU+"的订单消耗是如何计算的。

"DOU+"币是抖音平台为用户提供的用于相关消费的一种虚拟货币。用户在购买"DOU+"流量时需要使用"DOU+"币，如图7-56所示，将短视频作品推荐给2500人需要支付50个"DOU+"币，即50元人民币。也就是说，"DOU+"币与人民币的换算比例是1:1，1个"DOU+"币等于1元人民币。

图 7-56 用"DOU+"币支付"DOU+"推广费用

那么，"DOU+"的订单消耗又是如何计算的呢？当平台将投放"DOU+"的视频展现给一位用户时，系统会自动扣除一部分金额，直到扣完所有推广费用为止。

"DOU+"的订单数据中不包含自然流量的相关数据统计，只统计投放"DOU+"带来的展现量、播放量和互动量。这里需要说明一下，展现量与播放量是有区别的：展现量为展现给用户的次数，即被用户看到的次数；播放量则是视频播放的总次数，其中包含了重复播放量。例如，系统将某条投放了"DOU+"的短视频作品展现给了100位用户观看，每位用户都将这段视频看了3次，那么它的展现量为100，播放量为300。

2. "DOU+"投放的误区

使用"DOU+"付费视频加热工具后，系统会将短视频作品推荐给更多精准用户，大大提高了该短视频作品上热门的概率。但在"DOU+"投放过程中，也会存在一些误区，主要的投放误区如下。

➢ 过分依赖"DOU+"效果："DOU+"投放只能起到锦上添花的作用，视频播放量能不能提升，关键还是看视频内容，如果视频内容质量太差，投再多的"DOU+"也无法提升流量。

➢ 忽略视频内容是否合格：一定要确保视频没有任何违规内容，这样才能进行"DOU+"投放。如果视频内容中含有敏感信息，如色情、血腥等内容，就无法通过审核。

➢ 错过"DOU+"投放最佳时间："DOU+"要在视频发布初期投放，投放时间越往后，"DOU+"效果越不明显。

第 8 章
直播卖货

直播变现的方式很多，总体而言，离不开直播卖货、直播打赏及粉丝运营等。其中，直播卖货是指主播通过直播近距离展示产品、在线答复用户问题而促成交易，实现直播变现。主播们应该了解带货主播应具备哪些技能，以及掌握选品技巧、卖货技巧等内容，提高直播间产品转化率，为主播带来更多收益。

8.1 抖音直播的入口和开通方法

主播在开通抖音直播前，需要创建一个抖音账号，并熟悉抖音的基本功能。为帮助主播熟悉抖音平台的使用方法，这里介绍了抖音的一些核心功能，如查看抖音直播入口及开通直播等。

8.1.1 抖音直播入口

在目前的抖音平台中，抖音有了直播入口。如图 8-1 所示，打开抖音 App 进入首页，可以看到最左侧上方有"直播"按钮。点按"直播"按钮，随机进入一个直播间，如果对该直播间不感兴趣，可点按右上角"更多直播"按钮，如图 8-2 所示。

完成上述操作后，即可进入直播频道页面，然后可以根据直播分类选择感兴趣的直播间，如购物、游戏等，如图 8-3 所示。

图 8-1 抖音首页

图8-2 随机进入一个直播间

图8-3 抖音直播频道

8.1.2 抖音直播的开通方法

抖音作为目前用户日活跃数较多的短视频软件，其直播功能也备受用户青睐。目前，只要经过实名认证的抖音用户就可以进行抖音直播。直播操作方式非常简单，抖音平台用户只需点击抖音首页下方的"+"图标，随后进入拍摄界面，将拍摄模式切换成直播模式并点击"开始视频直播"按钮，就可以进行直播了，如图8-4所示。

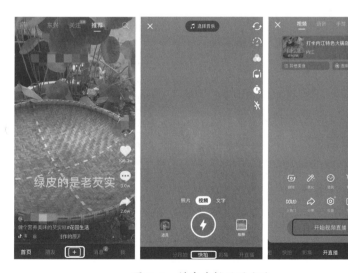

图8-4 抖音直播开通方法

如果想让镜头里的内容更加吸引人，可对直播进行更为详细的设置，如美化镜头、添加道具等。

8.2 直播变现的主要方式

直播变现的方式多种多样，如常见的直播卖货、平台流量分成、赚取平台资金补贴及打造 IP 吸引投资。主播应掌握以上 4 种方法的技巧，在直播中获得更多变现。

8.2.1 直播卖货

直播卖货是最易上手的直播变现方式。首先，很多直播、短视频平台都有流量大的特点。以抖音平台为例，2021 年 1 月 6 日抖音发布的《2021 抖音数据报告》显示，截至 2021 年 1 月 5 日，抖音日活跃用户数突破 4 亿人。由此可见，在诸如此类的热门平台售卖产品，市场非常广阔。

其次，主播通过直播、短视频等形式，可以更详细地介绍产品卖点，吸引更多潜在消费者对产品产生兴趣。只要主播掌握一些销售技巧，很容易打造爆款产品，从而取得不错的收益。

很多主播积累了一定人气后，都会选择带货拿佣金或自己开店，并通过直播、短视频来营销产品变现。例如，曾被央视点名表扬的一位短视频网红"蜀中桃子姐"，从 2019 年 6 月起，抖音的粉丝大幅增长，截至目前已经达到了 2221.7 万粉丝，其抖音账号首页如图 8-5 所示。

图 8-5 "蜀中桃子姐"抖音账号首页

作为一名美食教学达人，蜀中桃子姐拍摄的视频没有精美滤镜、没有顶级食材，凭借着真实、充满农村烟火气的视频被众多粉丝关注。蜀中桃子姐偶尔也在直播间与粉丝闲聊，其间售卖一些产品，图 8-6 所示为蜀中桃子姐直播间截图。点按进入产品页面，如图 8-7 所示，店内多款产品销量已过数十万件，甚至部分产品销量已过 600 万件。

第8章 直播卖货

图 8-6 "蜀中桃子姐"抖音直播间截图

图 8-7 "蜀中桃子姐"部分产品销量情况

除蜀中桃子姐外，多个直播、短视频达人也纷纷加入直播带货行业，通过售卖产品增加收益。也有部分主播直接在直播平台上开设小店售卖产品。例如，抖音某直播间中，主播正在展示一款零食商品，粉丝点按小黄车下单即可购买商品，如图 8-8 所示。为方便粉丝下单，该主播在抖音平台还开设了抖音小店，店内部分产品如图 8-9 所示。

图 8-8 某抖音直播间

图 8-9 某抖音主播的抖音小店

结合该主播的粉丝人气及产品销量来看，虽然该主播直播间的人气不高，但店内销售的部分产品的销量比较可观。由此可见，通过直播带货变现并非大主播享有的特权，小主播也可以通过带货来增加收益。

8.2.2 直播打赏

在直播过程中，主播可以通过为粉丝输出有价值信息获得粉丝的打赏。例如，在某抖音直播间，不断有粉丝为主播赠送礼物，如图8-10所示。粉丝必须先在平台充值人民币才能购买礼物，主播也可以将礼物兑换成人民币。

许多主播都想通过粉丝打赏来增加自己的收入，但是让粉丝自发、自愿地打赏并不容易。分析粉丝打赏的理由是主播获得打赏的基础，与此同时，主播在索要打赏时使用一些技巧，可以增加粉丝打赏的可能性。

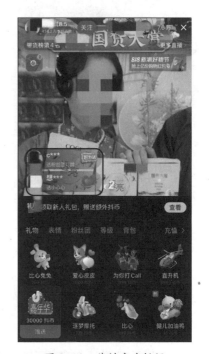

图8-10 某抖音直播间

1. 分析粉丝打赏的理由

在很多人看来，花钱却未得到实物是笔非常不划算的交易。但实际上，通过直播可以近距离接触主播，这满足了一些粉丝的心理需求。例如，部分粉丝通过打赏引起主播注意，在合理范围内要求主播唱歌、跳舞或回答指定问题等，以此满足自己的娱乐性；而部分粉丝则是纯粹出于喜欢、崇拜主播，自发地打赏；还有部分粉丝则是因为在直播中有所收获，愿意为自己的收获买单。

当下，许多直播平台的礼物都通过虚拟货币来完成，很大程度上降低了粉丝对金钱成本的感知。这种打赏方式也容易让粉丝未经核算就超预支地花费了金钱。

2. 如何索要更多打赏

主播想让更多粉丝给自己送礼，需要掌握一定的技巧，如展示自己的歌喉、舞蹈、知识等，在得到粉丝认可的同时，向粉丝索要打赏。例如，游戏主播进行一系列显示技巧的操作后，可以适时发问："家人们，我这波操作厉害吗？要是觉得厉害，给点小礼物支持一下呗。"

主播也可以通过打感情牌来引起粉丝的情感共鸣，由此获得打赏。例如，某美妆主播在画眉毛时，为表明自己的不易，可以说："为了学会这种热门的眉毛画法，我从早上 7 点起床就开始学习，画了又擦、擦了又画，真心疼我那几根微弱的眉毛。"粉丝听到这些话，不仅会发现主播的幽默，而且会觉得主播很努力，进而愿意为其打赏。主播索要打赏时也要注意底线，如当粉丝纷纷表示不愿打赏时，主播也要表示理解，不要为了索要打赏而恶语伤人。

还有一个可以快速获得打赏的方法，就是连麦。连麦指两个及两个以上的人同时在麦序，打开麦克风进行互动。主播可以通过与热门主播连麦，获得更多粉丝的关注，同时也获得更多礼物。

例如，抖音直播中有两位主播在进行连麦才艺比拼，输的一方需接受惩罚，如图 8-11 所示。左侧礼物较多的一方，多次收到高额礼物。而且，在直播间连麦 PK 的这段时间，两个直播间的人气都很高，粉丝们在为主播刷弹幕加油的同时，也在为心仪的主播赠送礼物。

连麦可以增加新手主播被人看到的机会，是一个很好的吸引粉丝的技巧。此外，连麦还能活跃直播间的氛围，并在短时间内增加主播的收入。值得注意的是，主播

图 8-11　抖音直播连麦 PK 截图

在连麦前应该对对方主播有所了解，并考虑对方直播间的粉丝是否有可能成为自己的粉丝。直播内容跨度太大的主播间，粉丝较难转化。

连麦 PK 可以使连麦双方的主播都受益，并且这个方法适用于大多数直播类目。但主播在选择惩罚方式时应注意底线。部分主播为了吸人眼球，会选择低俗、涉黄的惩罚方式，这是一定不允许的。

8.2.3　粉丝运营

除了直播卖货及直播打赏外，各个直播平台还有多种变现渠道，如积累粉丝

实现 IP 运营、平台流量分成、平台资金补贴及签约费等。这里重点介绍积累粉丝实现 IP 运营。IP 是英文"Intellectual Property"的缩写，译为"知识产权"，经过互联网界的发展，可以引申为凭自身吸引力，在多个平台上获得流量的人物。

在直播短视频中，通过积累粉丝打造 IP 获得高变现的人不在少数，如李子柒等。对此感兴趣的主播，可以参考如图 8-12 所示的步骤，尝试打造 IP。

图 8-12　打造 IP 的步骤

➢ **塑造 IP 思维**：主播如果只想凭借打赏来获得变现是非常不可取的。因为随着直播行业的发展及直播内容的丰富，其他收入将逐渐代替打赏收入。主播只有塑造 IP 思维，并努力打造 IP，才有可能获得更多变现机会。

➢ **提炼特点优势**：主播应主动发现自己的特点优势，并在直播中将其表现出来，如长相甜美、歌声动人、口若悬河、技能高超……

➢ **增加自己的曝光量**：主播应通过不同渠道增加自己的曝光量，以吸引更多粉丝。例如，某娱乐类主播在直播过程中唱的某段歌曲很动听，收到了粉丝好评，那么可以录制该段直播视频，并将其分享到微信粉丝群、微博、贴吧等社交平台，吸引更多粉丝关注。

8.3 带货主播应具备的技能

带货主播想获得更高收入，必须具备诸如产品方面、直播方面、语言方面及应变能力方面的技能，在带动粉丝互动的氛围中推出产品、介绍产品，感染粉丝喜欢产品，从而产生下单转化行为。

8.3.1 专业技能

无论什么类型的主播，首先要具备直播的专业能力；其次，为便于带货，主播还要非常了解产品知识。无论什么类型的主播都要有过硬的专业技能。以主要以直播带货变现的主播为例，如果对产品不熟悉、对直播流程不熟悉，那势必无法在直播中迅速回答粉丝问题,更别谈带货了。因此,作为主播,必须先熟悉直播流程和产品知识。特别是产品,主播必须对相关知识烂熟于心,才能迅速回复粉丝的提问,给粉丝留下很专业的印象,从而增强粉丝对自己的信任感,使他们愿意购买自己推荐的产品。

8.3.2 语言表达技能

语言表达能力,指一个人把自己的思想、情感、想法和意图等,通过语言、表情和动作等方式清晰明确地表达出来。主播在直播期间,大部分时间都通过语言来与粉丝交流。语言表达能力强的主播,可以巧妙解答粉丝的问题;而部分语言表达能力弱的主播,可能由于一两句无心的话,被人录制并分享到各大社交平台,从而带来负面影响。

语言表达能力是主播最基本的业务技能,是衡量主播水平高低的重要标准。作为一名合格的主播,语言表达能力至少要满足表 8-1 的几个要点。

表 8-1 语言表达能力

要点	解释
语言要通顺	主播说话要口齿伶俐,表达清楚。如果说话吞吞吐吐,前言不搭后语,会导致粉丝无法明白自己要表达的意思。主播要想做到语言表达通顺流畅,就一定要勤于锻炼自己语言的基本功,言语有心、言语用心,加强自己吐字归音的基本功训练,注意把话说好
语言要有严密清晰的逻辑	主播在言语表达方面,最忌讳生搬硬套、张冠李戴。作为主播,在说话时一定要做到心中有数,要刻意培养出自己缜密的逻辑思维,使脑中思路清晰、条理清楚,以利于更好地表达,更好地与粉丝交流
语言要富有感染力	主播与粉丝的交流主要是一种情感上的交流,因此主播的语言一定要富有感染力,才能吸引和打动粉丝。语言要平实自然,根据当时的氛围,可以适当运用夸张等语言表达方式
语言要注意分寸和节奏	如果主播语言表达的分寸把握得当,就会出现主播与粉丝相互情绪的激发、感染、交流与共鸣,增进与粉丝之间的联系;反之,若分寸把握不得当,就会出现情感交流的阻隔与断裂。当语言表达的节奏掌握得恰到好处时,会收到提高观众期待的效果。如果掌握不好语言表达的节奏,会让粉丝觉得主播的语言干涩而毫无生机,也自然无法产生兴趣

在实际应用中,主播应以粉丝为中心,考虑粉丝的切身感受。例如,当许多

粉丝在弹幕中提及产品价格过高时，主播可以先询问粉丝认为价格高的原因，再结合产品的实际情况做出解释，如："哦，我了解了，家人们之前是在某某网站上买的同类产品，价格比我这个低一些。我完全理解你们的想法。我之前也在某某网站上买过外观类似的抽纸，价格确实低。但是我买回来后发现，其实它一袋抽纸并没有多少，而且也很容易掉纸屑、掉粉尘。我们这款纸主要是给婴幼儿使用的，所以在工艺上也更用心。你们可以看看，它吸水性很好，即使使劲拉扯也不会掉纸屑，可以放心给婴幼儿用。"

这样一来，不仅说明自己理解大家认为产品价格贵的观点，还说明了自家产品与低价产品的区别，既有理有据地说明了观点，又不得罪人。

8.3.3 场控应变技能

场控应变技能，可以理解为主播在直播间因为口误、产品信息有误等意外情况发生时，所做出的临时反应。主播在直播过程中遇到突发情况时，必须充分调动自己的主观能动性，使大脑处于高速运转和思考状态，从而迅速做出反应，用巧妙的语言扭转局势，化险为夷，使变故转向好的方向。

例如，很多主播都怕在直播中遇到停电、断网等情况。因为一旦处理不当，就可能导致粉丝流失。曾经有一名带货主播在直播过程中就遇到过停电的突发情况。事发当晚，直播间的所有灯光突然暗了下来，粉丝只能听到些许声音，完全看不到人。正当粉丝疑惑时，直播团队已经借助台灯照亮了直播间。突然停电并未让该主播措手不及，她反而拿起台灯给自己打光，唱起了歌。反应过来的粉丝沉浸在她的歌声中，并未觉得有何不妥。

不仅如此，该主播在把台灯当作荧光棒挥舞时，还问："今天有没有人生日？"紧接着，她唱起了生日歌。粉丝们也纷纷刷屏留言"生日快乐"。直播间从演唱会现场又变成了大型庆生现场。在短短几分钟内，有数十万新增粉丝进入直播间。

该主播不仅凭借超强的应变能力得当地处理了停电事件，而且无形中增加了粉丝对自己的关注度。

8.3.4 熟悉平台规则

无论在哪个平台直播，都需要熟悉并遵守平台规则。否则，再好的直播内容、再强的直播能力，也会因为账号被处罚、被封等问题，而使辛苦付之东流。例如，某知名主播曾在2020年因故意夸大产品效果，违反平台规则及相应法律，被罚款90万元、账号被封停60天。主播在开播前，可查看相应平台的管理规则。图8-13所示为快手社区管理规范部分内容。

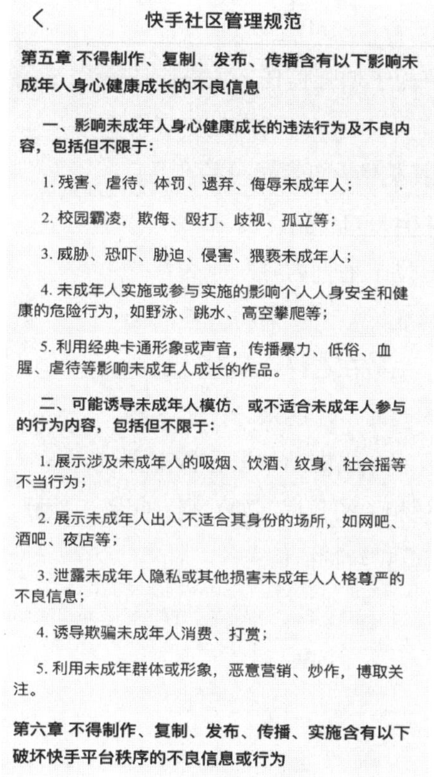

快手社区管理规范

第五章 不得制作、复制、发布、传播含有以下影响未成年人身心健康成长的不良信息

一、影响未成年人身心健康成长的违法行为及不良内容，包括但不限于：

1. 残害、虐待、体罚、遗弃、侮辱未成年人；

2. 校园霸凌，欺侮、殴打、歧视、孤立等；

3. 威胁、恐吓、胁迫、侵害、猥亵未成年人；

4. 未成年人实施或参与实施的影响个人人身安全和健康的危险行为，如野泳、跳水、高空攀爬等；

5. 利用经典卡通形象或声音，传播暴力、低俗、血腥、虐待等影响未成年人成长的作品。

二、可能诱导未成年人模仿、或不适合未成年人参与的行为内容，包括但不限于：

1. 展示涉及未成年人的吸烟、饮酒、纹身、社会摇等不当行为；

2. 展示未成年人出入不适合其身份的场所，如网吧、酒吧、夜店等；

3. 泄露未成年人隐私或其他损害未成年人人格尊严的不良信息；

4. 诱导欺骗未成年人消费、打赏；

5. 利用未成年群体或形象，恶意营销、炒作，博取关注。

第六章 不得制作、复制、发布、传播、实施含有以下破坏快手平台秩序的不良信息或行为

图8-13 快手社区管理规范部分内容

8.4 直播间卖货

可通过直播间售卖的产品种类繁多，但不难发现部分直播间人气虽高，小黄车产品的销量却很一般。究其原因，直播带货的选品也是一门学问，需要主播结合自身特点、粉丝特点及热销产品特点，选择出最适合自己的产品，才有可能获得高销量。

8.4.1 直播间选品技巧

选品环节在直播过程中占据了非常大的比重，选品从很大程度上决定了带货的成败。主播想做好选品工作，应该如图8-14所示，首先要从自己账号的属性出发，选择目标粉丝可能喜欢的产品或有需求的产品；其次，为了增强信任，主播应该选择自己试用过的产品；最后，为了满足更多粉丝的需求，主播可以选择热销、低客单价的产品。

1. 选择与账号属性相关的产品

如果主播的账号定位于垂直内容，那么系统会根据垂直内容贴上精准标签，从而将直播间推荐给更多的精准粉丝。主播在选择产品时，也要选择与账号属性相关的产品，才能被分配更多精准流量。主播可在平台后台或借助数据分析工具

图8-14 选品技巧

（如飞瓜数据）查看粉丝相关的数据，如性别、年龄、地域、消费习惯等。图8-15所示为某美妆达人的部分粉丝特征信息。

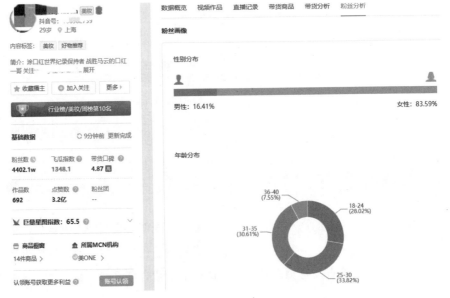

图8-15 某美妆达人的部分粉丝特征信息

主播只有充分了解粉丝群体及他们的相关属性之后,才能选择适合他们的产品进行推荐,进而提升直播间的转化率。例如,如果某主播的粉丝以25~35岁的女性人群为主,就可以推荐一些女性服饰、家居好物、宝宝用品等适用于这个年龄段的女性的产品。

2. 选择试用过的产品

大部分粉丝与主播的兴趣爱好是高度契合的,如果主播选择自己使用过的产品进行销售,更有利于推荐,也更可能被粉丝接受。而且,主播亲身体验后,才能更清楚地知道自己推荐的产品到底如何,它的卖点应该怎么介绍,也才能更令粉丝信服,从而使他们产生购买的欲望。因此,主播在挑选直播产品时,最好能够亲身体验一下自己的每一款直播产品,比如提前对直播产品进行试用、试穿、试吃。

主播在介绍产品时,如果是自己使用过的产品,更能利落地说出该产品的优缺点,也更有说服力。例如,一名美妆类主播,在使用多种美妆类产品后,可挑选出一些体验好、效果佳的产品推荐给粉丝。

3. 选择热销产品

在选择直播产品时,建议主播多查看各类热销产品排行榜,尽量选择排行榜中靠前的产品进行直播,这些产品一般大多数粉丝都能接受。例如,在飞瓜数据平台提供的"抖音产品榜"中,可以查看近期热销产品的具体信息,如产品名称、价格、抖音销量、抖音销售额、抖音浏览量等,如图8-16所示。可以发现,热销产品都是诸如口罩、维生素片等适用人群广的产品。

图8-16 某美妆达人的部分粉丝特征信息

同时,热点信息也能在瞬间吸引众多关注量,主播在选品时如果能抓住热点信息,选择热度高的产品,更能吸引粉丝的关注和转化。例如,在节假日选择符合节日氛围的产品(如在中秋节前售卖月饼),直播间及产品都有可能获得不错的曝光和转化。

4. 选择低客单价产品

相比高客单价的产品(如电视、洗衣机等家电产品),低客单价的产品(如卫生纸、洗衣液等日用品）的市场往往更大。产品的客单价越高，购买者越需要深思熟虑，然而粉丝在直播间看一个产品的时间可能只有几分钟，无法在短暂的时间内做出决定。低客单价的产品一般是日常用品，不管家里有没有，只要产品好、性价比高，就可以多买。所以，主播在选品时应该尽量选择低客单价的产品。

另外，低客单价的产品一般复购率也较高。直播间的粉丝群体相对稳定，如果粉丝买过一次产品，认为性价比高，在二次回购的同时还有可能在直播间夸赞其产品，引发其他粉丝转化。

综上所述，主播选品时需多方面考虑，从而找到更可能热销的产品。即使粉丝对热销产品没有购买需求，也会因为产品热门而加入讨论，提高直播间的互动率。

8.4.2 直播间产品的管理

无论什么类型的主播，在直播带货时，产品都应有主次之分，如用于吸引更多粉丝的低价引流款、带来高额利润的利润款及薄利多销的爆款等。那么，作为一个优质的带货直播间，应该配备哪些产品来满足不同人群的需求呢？大多数情况下，一个直播间至少应该具备表8-2中的3种产品。

表8-2　直播间的产品

产品名称	解释	举例
引流款	引流款，指为直播间吸引流量，引进更多用户的产品。这类产品有着成本低、被接受的可能性大等优点。很多用户进入直播间，往往都是被引流款的显著特征或性价比吸引	例如，某售卖鲜花的直播间，虽然有数十种鲜花，但主播必须选择一款大众都喜欢且价格低的花束来作为引流款。当消费者查看直播封面图、短视频时，被该款花束的外观及价格吸引，有进入直播间的冲动
爆款	爆款和引流款类似，但爆款的生命周期更长，且定价也会随时发生变化。通常，爆款前期讲求性比价，价格低、利润低，等销量起来后，会逐步提高价格，增加利润	例如，某食品直播间的一款休闲零食，早期价格区间在18.5~28.5元。当该产品积累起一定销量后，增加该产品的重量，提高产品价格，从而提升客单价、提高利润
利润款	利润款，指销量不高但利润占比大的产品，这类产品一般是价格不太透明的产品，定价也略高	例如，某主播在直播间售卖手工艺品，其中一款款式更为精美、制作工艺也更为复杂，为了提高收入，主播可将其定为高于大部分产品的价格

正常情况下，直播间的产品应同时具备引流款、爆款和利润款。例如，一个售卖女装产品的直播间，产品的客单价为 200 元左右，在定价时，各个产品的价格和占比如图 8-17 所示。

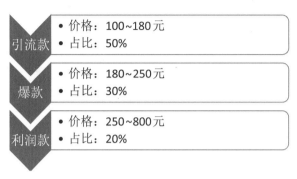

图 8-17 各个产品的价格和占比

当然，也有直播间在发展起来后，主要以爆款和利润款为主，降低引流款的占比。主播可根据直播间的实际情况，合理安排各类产品的占比。

8.4.3 打造产品转化率高的直播间

越来越多的消费者开始尝试直播间购物这种新的网络购物形态，其主要原因在于消费者消费能力的升级。而且，直播间购物不仅有主播帮助消费者甄选产品，而且产品的价格也相对较为便宜。

即便如此，仍有部分直播间产品销量不佳。那么，如何才能实现直播间产品高转化率呢？试想，如果同一款产品，其他直播间或其他平台的售价更低或其他渠道了解到的产品卖点更亮眼，那粉丝为什么要在你的直播间下单呢？因此，想要提升产品转化率，需要从产品价格、产品价值、产品稀缺性等方面出发，让消费者认可产品及认可产品价格。

1. 突出产品价值

要想体现出产品价值，需要主播深入了解产品特征，如品牌故事、产品卖点及所能提供的售后服务等，从而让消费者更全面地了解产品并对产品产生浓烈的兴趣。

例如，某主播在直播间售卖数码产品，在讲解产品的几大亮点功能后，讲解该品牌创始人是经历了数次成功与失败才让该品牌走到今天。顺势再说说，之所以与该品牌合作，不仅是因为创始人的人品好、产品功能强大，而且因为品牌提供的售后服务非常棒,所有在直播间下单的人都可以享受专人送货上门、7天无理由退换、5年内保修等服务。这样使粉丝在认可该产品功能的同时,也认可该品牌,更被其售后服务打动,产生下单冲动。

2. 突出产品性价比

当粉丝对产品感兴趣后,接下来就需要利用产品性价比来促使粉丝下单了。在直播中想要突出产品的性价比很高,可以将直播产品与同类产品相比较,看看自己的产品在功能、卖点及价格等方面有什么优势,将其一一罗列出来告诉粉丝们。

例如,某知名达人直播间,不仅通过主播口述各个产品的价格优势,还在产品小黄车中用文字标注了一些产品优惠信息。如图8-18所示的产品小黄车中,有诸如"到手19件,总价值1230""198到手6瓶,一瓶只要33""下单自动领券,49.9到手5条"等产品优惠信息,诱惑粉丝们下单。也正因如此,该直播间不少产品销量可观,直播间处于带货榜第4名。

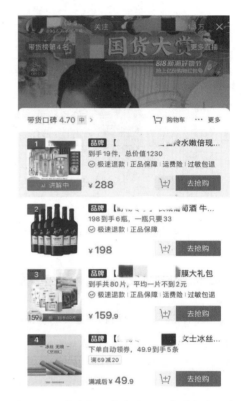

图8-18 某直播间突出产品优惠的文字信息

为刺激更多消费者下单,直播产品给出的优惠力度一定要大,这样粉丝们才会下单购买。

3. 突出唯一性

稀少的产品更容易给用户带来紧迫感,促使用户下单。例如,在上架某款产品时,可将5000件产品分为5次上架,并提示"……(介绍产品信息),好,接下来倒数10个数开始上架,限量1000份,先到先得哦"。

第一次抢购结束后,可继续说道:"谢谢大家的支持,家人们的手速真是太快了。没抢到的也别着急,我马上让小助理去联系库房,看是否能再为大家争取一点库存。"以此营造出一种"该产品很受欢迎、很考验手速"的氛围,吸引用户参与抢购。

主播除了可以在产品数量上营造"限量"噱头外,还可以在互动环节中设立门槛,如关注主播才能互动,邀请好友进入直播间有机会获得免单的资格等。

当然,说服粉丝下单的方法不限于以上几种,主播可以多分析、多总结,从而找到最适合自己的方法。

8.4.4 产品讲解八部曲

想提高产品转化率,需要突出产品价值、产品性价比及稀缺性等内容。那么,主播在讲解这些内容时,是否有先后顺序呢?其实是有的,如同撰写产品详情页一样,主播在讲解产品时,也需要介绍产品的卖点、介绍产品品牌、展示售后服务、推出优惠活动等,让用户更加全面地了解产品。如图8-19所示,常见的讲解产品步骤主要包括找出痛点、放大痛点、引出产品等8个步骤。

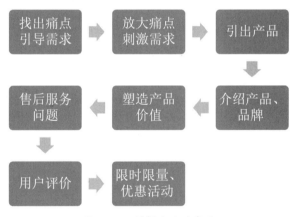

图8-19 讲解产品的步骤

> **提示** 痛点,可以理解为用户在日常生活中碰到的问题,如果不解决痛点,会对用户的精神和身体造成伤害。

这里以一款低脂麦片为例,详细说明讲解该产品的步骤及详细内容,见表8-3。

表 8-3 讲解低脂麦片的步骤

步骤名称	目标要求	基本内容
找出痛点引导需求	联想产品在生活中有哪些适用场景，从而找到痛点	诸如早晨起床来不及做早饭，熬夜加班需要补充能量，不想吃街边油腻、不卫生的小吃…… 例："我以前在公司上班的时候，由于下班晚，睡得也晚，早上根本起不来，更别说吃早饭了"
放大痛点刺激需求	生动描述痛点并升级痛点，与粉丝产生共鸣	诸如不吃早餐容易犯低血糖，得胃病、胆结石，危害身体健康；吃街边不卫生的食物容易导致拉肚子 例："有几次因为没吃早饭，坐地铁时出现低血糖症状，幸好有好心人扶着我，不然差点晕倒了"
引出产品	结合痛点引出产品	结合身体健康问题引出利于健康的某某低脂麦片 例："后来有位同事给我推荐了这款麦片，起初我也嫌麻烦不想吃，但一想到不吃早饭容易犯低血糖，还是试了试"
介绍产品、品牌	介绍产品基本信息及产品的卖点，并针对1~2个最突出的卖点进行深度描述；介绍品牌、展示资质	展示并解读产品包装、规格、含量、成分；试吃并描述口感；介绍品牌的资质，表示它值得信赖 如："第一次吃时觉得没味道，后来看视频发现别人吃的时候会在麦片里添加低脂奶和果干，我也试了一下，味道一下子就提升了，就一个字'绝'。可以看配料表，没有添加剂、防腐剂，真的是健康食品。而且这家是老品牌，专注于做麦片好多年了，值得信赖"
塑造产品价值	提升产品价值	讲解低脂麦片对人体的好处；说明产品包装小巧，方便携带，适用于多种场景 如："常吃麦片可以降低胆固醇，对人体有益；而且这款麦片是独立包装，出差时带上小袋装，轻松解决早餐问题"
售后服务问题	七天无理由退换货、赠送运费险	七天无理由退换货、申请免费试吃、赠送运费险 如："和我一样没时间吃早饭的家人们可以拍，会赠送试吃装。如果对味道不满意，申请退款就行哦"
用户评价	展示买家秀及大量好评	如："这款麦片在某某平台销量已经过百万了，好评不断，是名副其实的网红早餐"
限时限量、优惠活动	用坚定的语言让用户感受到高性价比	展示产品目前优惠力度的唯一性 如："喜欢的家人们快下单，这个福利价只在前3分钟，限量500份，拍完就恢复原价哦"

结合以上 8 个步骤，即可有条不紊地介绍完一款产品。而且，这样讲解产品既能突出产品的价值，又能构建粉丝食用这款产品的情景，再加以限时、限量等促销手段，更能刺激消费者转化。

8.5 销量高的直播卖货技巧

主播想通过卖货提高收入，必须掌握一些利于产品转化的技巧。例如，在开始一场直播前，上传高点击率的直播封面、撰写有吸引力的直播标题等。这些信息在一定程度上展现了一场直播的主旨和内容，也决定了直播的点击率、观看量等数据。可见，主播必须掌握诸多利于产品转化的直播卖货技巧。

8.5.1 设置"一见钟情"的直播封面

直播封面是主播在直播时，直播间向所有用户展示的一张封面图。在很多直播平台，直播间信息主要由标题和封面图构成，如图 8-20 所示，打开抖音直播页面，可以看到直播间的封面图、直播间标题等信息。其中，封面图所占位置最大，也是最能决定粉丝是否点击进入直播间的重要元素。所以，要想有效提升直播间的点击率和流量，必须先制作一张具有吸引力的直播封面图。

直播封面是每一个观众在观看直播前都会看到的第一张图片，很多观众正是因为直播封面做得有亮点，才选择进入直播间观看具体的直播内容。那么，如何才能制作出一张具有吸引力的直播封面图呢？一般来说，制作直播封面需要掌握以下几个要点。

➢ 直播封面图的画面比例合理，有较强的视觉冲击力，让人看着舒服。

图 8-20 抖音直播平台上的部分直播封面图

➢ 直播封面图上的人物尽可能和主播一致，不要有太大出入。

➢ 直播封面图的画面要追求美观，直播带货的产品价值越高，封面图画面就越要显得有质感。

➢ 直播封面图上的文字应该尽量简洁，不要出现太多文字，文字介绍尽量控制在10个字以内，突出重点信息即可。

➢ 直播封面图要保持完整，最好不要有拼接痕迹和边框。

➢ 直播封面图应该尽量选择鲜艳的色彩来进行搭配，因为色彩鲜艳的图片往往更具有吸引力。

总体而言，一张优秀的直播封面图必然是人物与产品的比例协调、画面美观、色彩鲜艳的图片。这样的封面图才能快速吸引粉丝眼球，并促使粉丝点按进入直播间。

如果是以带货为主的主播，可在分析自己产品的受众用户后，拍摄满足平台要求的封面图。主播要明确产品的受众群体，并深入粉丝，挖掘粉丝的需求和喜好，设置粉丝会喜欢的封面图。这里以服饰、美妆、食品等类目直播间的封面图为例，解析拍摄封面图的要点。

1. 服饰类产品

服饰类目是带货中较为热门的一个类目，也是流量竞争最激烈的几个类目之一。在这个行业中，直播封面最重要的是展现出美感。所以，在制作服饰类直播封面图时，对主播的发型、服装、搭配、姿势都有一定要求，运营人员要尽可能地将主播在服装搭配上的美感展现出来。

服饰类产品的封面图最好是带有主播人物的照片，或穿搭的美照，而不能是单个产品的照片。图8-21所示为抖音部分服饰类直播间的封面图，选用好看的主播实拍图作为封面，给人一种很会穿搭的印象，进而吸引粉丝进入直播间。

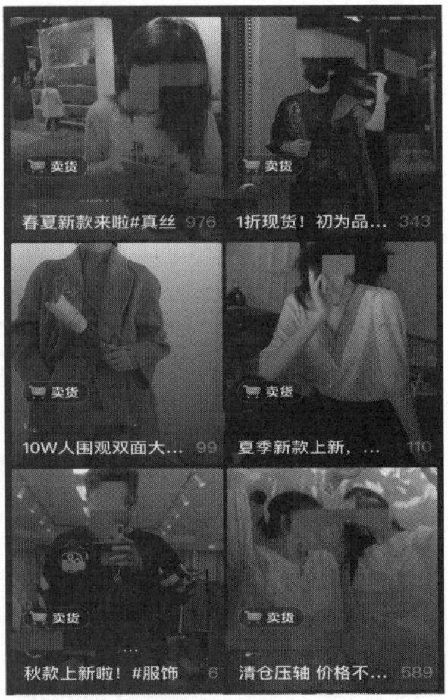

图 8-21 服饰类产品的封面图示例

2. 美妆类产品

美妆类产品直播间封面图的制作主要以主播的颜值为核心。运营人员可以从主播的眼睛、眉毛、嘴唇和发型等方面入手,为主播打造一个精致的妆容,以突出产品的调性和卖点。因此,这类封面图也最好是主播人物照片或护肤、妆后照片,而不能仅仅是产品图片。图 8-22 所示为抖音部分美妆类直播间的封面图,均选用妆容精致的真人实拍图,给人一种精通化妆的感觉,吸引粉丝进入直播间。

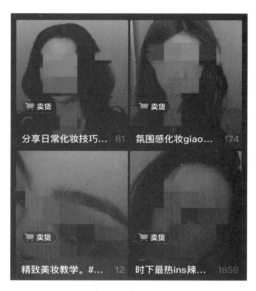

图 8-22 美妆类产品的封面图示例

3. 食品类产品

食品类产品重在体现食物的色、香、味,在制作美食类直播封面时,需主要关注的是食物的视觉表现,即"色"。运营人员不仅要注意产品本身的细节展示,而且要特别注意产品的摆放,力求做到画面美观,让人一看就能产生食欲。图 8-23 所示为 2 个食品类产品的直播间封面图,均采用了食品实拍的方式吸引粉丝进入直播间。

图 8-23 食品类产品的封面图示例

其他产品的封面图制作方法与以上几种类似，在满足平台要求的条件下展现产品卖点，吸引粉丝进入直播间即可。

8.5.2 写出让粉丝"难舍难分"的直播标题

直播标题与直播封面图一样，其主要作用都是为了吸引观众进入直播间，以达到为直播间引流的目的。一个好的直播标题，能准确定位直播的内容，引起粉丝点击的兴趣。表8-4列举了5种常见的直播标题，以帮助主播掌握常见类型的直播标题的写作技巧。

表8-4　5种常见的直播标题

标题类型	解释	举例
痛点型标题	痛点型标题主要是抓住用户的核心痛点，引起用户注意，然后提出解决方案	例如，一个穿搭直播间标题为"小个子如何穿出1米7的气场？"，这一标题对于想要通过穿衣搭配来让自己看上去更高的用户来说就很有吸引力
逆向表达型标题	逆向表达型标题主要是以制造反差、引起观众注意为目的	例如，大部分主播都希望用户在看到直播标题后能够点击进入直播间，按照逆向思维来设置标题，则可以将秒杀活动的直播标题设置为："别点，点就省钱"
教学型标题	教学型标题给用户传递可以获取有用知识或技巧的信息，抓住用户希望从直播中获得实际利益的心理，刺激用户点击直播间	例如，"1个技巧教你做出人人夸的奶茶""3分钟教你祛除冰箱异味"等都属于教学型标题
紧迫型标题	紧迫型标题主要是为用户制造一种紧迫感，让他们产生一种机不可失的感觉，从而加快用户点击进入直播间的速度	例如，"大牌包包5折抢""前1000名免费拿"等直播标题，通过"抢""前1000名"等关键字词，给用户制造紧迫感
悬疑型标题	悬疑型标题主要是以引起用户强烈的好奇心为目的，有效吸引用户的注意力，提升他们对直播内容的兴趣，进而促使他们点击进入直播间	例如，"通宵开空调真的费电吗？""运动真的可以减肥吗？"等直播标题就属于悬疑型标题，引起用户的好奇心和观看兴趣

主播也可通过收集同行点击率高的标题，找到自己可以效仿的地方，重组、优化自己的标题。

8.5.3 选择直播标签，让粉丝更精准

直播标签是直播平台为每一个直播间设置的定位和类别。图 8-24 所示为抖音平台部分直播标签，如购物、游戏、聊天、音乐等。如果某个直播间的标签是购物，那么平台就会在分配流量时将该直播间推送给喜欢服饰、鞋帽等购物类内容的用户。因此，一个直播间的直播标签越精准，它的观众也就越精准，这将有助于提升直播间的转化率和销售量。

图 8-24　抖音平台部分直播标签

一个大的直播标签，下面还会有很多细分标签。如图 8-25 所示，抖音主播在开播之前，可以根据自己的实际情况选择直播内容，如户外这个大标签下还有探险、钓鱼、徒步、赶海等细分标签。

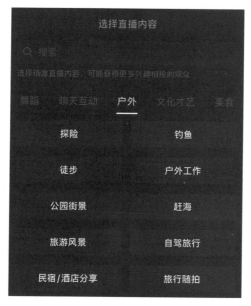

图 8-25　户外标签下的细分标签

> **提示**　抖音平台和其他直播平台的标签类似，只是不同平台对标签的说法不一。

每一个标签都拥有自己的权重，直播间在某一个标签下直播，达到相应时间

后自然会有相应的权重积累。直播标签的权重是由直播间过往的综合表现决定的，如果直播间的表现好，它的权重就高，流量自然也多，反之也是一样的。

值得注意的是，很多直播平台的直播标签都是根据直播的内容分析得出的。在抖音直播平台上有一个标签排名规则，假设某主播一直在 A 标签下直播，那么该直播间的直播时间越长，数据越好，排名就会越高；但如果该直播间突然将直播标签换成了 B 标签，那么所有的直播数据都会从头开始计算，它的排名也会重新开始计算。所以，不建议主播频繁更换直播标签，这样容易影响直播间的权重和排名。

8.5.4 发布让销量翻倍的直播预告

在一个产品上市前，一般会通过微博造势、发布会预热等形式和用户见面，以此吸引更多用户，加大新品人气及销量。在直播中，仍然可以用这个方法来吸引用户，目前虎牙直播、淘宝直播等直播平台已支持发布直播预告。抖音、快手等以短视频为主导的平台，也可采用短视频的形式来发布直播预告。

图 8-26 所示为某主播在开启抖音直播前发布的短视频内容，其目的在于吸引平台用户进入直播间。根据视频提示的时间进入直播间，可以发现在线人数高达 5 万人，人气非常高，如图 8-27 所示。

图 8-26　采用短视频的形式发布直播预告　　图 8-27　发布过直播预告的高人气直播间

如果是以短视频形式发布直播预告，那么短视频的内容就尤为重要，短视频内容不能过于直白，一定要生动有趣，富有吸引力。在制作直播预告时，一定要做到内容有趣、主题明确、利益点突出，这样才能吸引更多粉丝。

8.5.5 策划完美的"直播脚本"

脚本，指使用一种特定的描述性语言，依据一定的格式编写的可执行文件，又称作宏或批处理文件。这里可以把脚本理解为电影、电视的剧本，引导导演、演员协同合作完成一个好作品，得到广大观众的认可。特别是对于主播而言，任何一场直播都应该有备而来，提前策划好直播脚本，提升直播效果。

有的主播在直播中推荐某一款产品时，能在短短几分钟内说明产品的亮点打动粉丝，并加以一定的福利活动刺激粉丝下单，整个过程行云流水，可以说，他卖得开心，粉丝们也买得开心。而有的主播，在镜头前不断地重复产品卖点，却得不到粉丝回应。所以，主播想做好直播，必须会策划直播脚本。

对于大多数直播间而言，需要策划的直播脚本主要包括单场直播脚本及单品直播脚本，如图8-28所示。

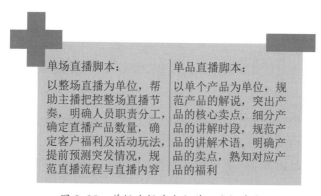

图8-28 单场直播脚本与单品直播脚本

1. 策划单场直播脚本

找准一个产品的卖点和利益点，辅以主播的互动引导，即可快速生成一个产品的直播脚本。而生成一场直播的脚本，则需要结合产品、粉丝、营销策略、时间维度等多方面，完成确定直播主题、找准目标粉丝等步骤，见表8-5。

表 8-5 策划单场直播脚本步骤

步骤名称	主要内容
确定直播主题	从一场直播的需求出发策划直播主题,例如,产品上新、清仓处理等。如果主播每日都直播,也应该策划相应的主题。例如,部分主播为了让直播形成规律,为特定日子策划固定主题的内容,如周一和周五是秒杀日、周二和周四是上新日、周三为聊天日
找准目标粉丝	不同的粉丝兴趣爱好不同,在线时间也不同,所以,主播在策划一场直播时,需要根据直播主题和目标粉丝来策划直播的时间和内容。例如,一名健身教练的直播间,其主要粉丝是有减肥、塑形要求的白领们,直播时间最好选择早上7~8点或晚上7~9点等适合运动的时间段。就内容而言,则应多交流有氧健身、低脂饮食等内容,吸引更多粉丝关注
控制直播成本	直播间的成本控制主要体现在发放优惠券、抽奖礼品及产品折扣等方面。部分主播为了增大直播间的吸引力度,特意推出多重优惠或大幅降价的活动,虽然人气确实有所增加,但计算下来成本和利润属于持平或亏损状况就得不偿失了。故主播在策划一场直播时,需要从实际出发,充分考虑直播成本
确定直播节奏	确定直播节奏主要指策划直播时长及不同时段的大致内容。例如,一场直播的时长为5小时,在这5小时中需要做完哪些事,以及在哪个时段完成哪些事宜等,这些内容都要体现在直播脚本中,避免主播临时找话题,为了直播而直播,效果肯定不理想

另外,主播还需要提前安排好直播中需要做好哪些操作,如上新、抽奖、发放优惠券等。无论主播是一个人还是团队,都要提前做好分工及工作规划,确保各项工作顺利开展。

2. 策划单品直播脚本

从产品维度策划脚本,可以理解为单品脚本,主播通过脚本的形式,更好地体现产品的卖点、利益点。一个优秀的产品脚本,至少应该体现主播的专业性、体现产品卖点并且能够与粉丝互动等。

(1) 体现专业性

对于主播而言,其专业性主要体现在直播专业性和产品专业性。直播专业性,要求主播熟悉直播流程、规则,能解决直播中出现的各种问题,如硬件设备问题导致音频、影频卡顿等。而产品专业性,则是指主播在介绍某产品时,必须了解产品的基本信息,避免由于不够专业而误导粉丝。

例如,主播在介绍一款按摩椅时,需从按摩椅的功能、外观及对身体的好处等细节进行讲解。

（2）体现产品卖点

想提升产品的转化率，必须通过直播脚本提炼出产品卖点。在提炼卖点时，主播既可用传统方法展示产品卖点，如经久耐用、性价比高、适宜人群广等；又可以从自己与产品的关系出发，去建立信任，得到粉丝的认可。

例如，某淘宝主播以一个果园农场主的角色，通过镜头经常向粉丝们介绍各种果树的生长条件及摘果、发果镜头，让粉丝们感受到水果新鲜、诱人等特征。为了吸引更多粉丝转化，主播还可以通过福利、抢购、优惠等形式，给直播间贴上"高性价比"的标签。久而久之，粉丝们会更认可直播间的水果，愿意重复购买并推荐给其他人，让直播间的销量形成良性循环。

同理，其他主播可以从产品角度出发，逐一列出产品卖点，找到最具吸引力的卖点进行重点展示，吸引粉丝下单转化。

（3）与粉丝互动

虽然对于产品而言，最重要的是产品本身的卖点及质量，但如果主播想要售卖出更多产品，还要注意与粉丝互动。部分主播在讲解产品时，为了不被粉丝影响自己的节奏，选择无视粉丝的提问，专注于自己的讲解。这样看似占据主动权，但实际上容易得罪粉丝，也很难生成订单。所以，主播在讲解产品时，要兼顾粉丝的提问，做好互动工作。

从互动角度出发，主播可以站在粉丝的角度，设想他们可能会提出什么问题，提前在脚本中设置好答案，以便在直播中回复粉丝。例如，一名农产品主播在策划某水果脚本时，考虑到粉丝可能会对水果的大小、运输和保存方法等内容感兴趣，故提前收集了这类问题的答案，并逐一整理好存放在脚本中便于使用。

下面以一个护肤产品的直播脚本为例，讲解如何从产品维度策划脚本，使产品更容易被粉丝接受。可以将护肤产品置于某个场景中，如旅游、户外活动等，加上营销方案，促使用户下单，具体话术如下。

"很多宝宝都喜欢旅游，或者是在户外工作，如果你的皮肤没有涂抹防晒产品，隔离紫外线，长期下来皮肤就会长斑，变得没有光泽。更有部分人对紫外线过敏，出现皮肤泛红发痒、变黑等问题。

"我们平时都用过一些防晒的产品，像防晒霜、防晒乳、防晒喷雾等，但不知道你们有没有和我出现过同样的尴尬情况。有的防晒霜或喷雾喷到身上，一旦涂抹不均匀就会出现结块、结团的现象，导致皮肤白一块黑一块，不仅难看而且黏腻。再加上夏天脸上本来就容易出汗，整张脸看起来就像一面反光镜。

"这款喷雾产品来自韩国，运用了微氧泡泡科技，只要一喷一抹，就能涂抹得特别均匀，清爽不油腻；而且如果买了这个喷雾，连素颜霜的钱都省了，它可以直接涂抹在皮肤上，既不卡粉又能美白。喷雾里含有红石榴（抗氧化）、紫玉兰（生长在海拔300~1600米高的山上，有药用价值）、积雪草（入药清热解毒消肿），全身都可以用。

"而且，这个喷雾不需要额外卸妆，直接用洗面奶洗就可以了。它就在我们家1号链接，美容医院卖400多元一瓶，其他电商渠道卖178元一瓶，我们直播间的专享价是128元。现在拍下1瓶发2瓶，100mL的包装，可以随身携带，也可以带上飞机、高铁。"

8.6 答疑解惑

1. 如何挖掘目标客户的痛点？

在策划产品脚本时，挖掘目标客户痛点并解决客户痛点，能提高产品转化率。例如，某主播在介绍某款漱口水时，是这样引出痛点的："和你们聊聊我的闺蜜。她的性格是大大咧咧的，说话从来不拐弯抹角。她和她男朋友是大学同学，从校服到婚纱，终于修成正果，要结婚了。上次闺蜜约会的时候，她和我们聊天，说她男朋友嫌她口臭。虽然男朋友是半开玩笑说的，但她仔细留意后发现确实有时自己的嘴里有不好闻的味道。虽然她后来尽量不吃重口味食物，但嘴里仍然有异味。她听朋友推荐，试用了某某漱口水，现在终于敢对着男朋友大口哈气了，哈哈哈哈。她还非要给我们买，建议我们多凑近男神说话，让男神感受到甜蜜桃子味的清新！"

通过这样的描述，抛出客户害怕因口臭影响恋爱关系的问题，也给客户购买该漱口水的原始动力。所以，主播要善于发现目标用户的痛点，并解决痛点，才可能促成交易。主播在确定产品货源后，可在淘宝、京东等平台找同类产品，并查看产品详情页中"问大家"版块的问题。图8-29所示为两款勺子"问大家"版块的问题及答案。

图 8-29 两款勺子"问大家"版块的问题及答案

从图中可看出,客户对于勺子的质量、材质、食品安全等问题感兴趣,那么主播在介绍同类产品时,可以抓住其中一两个重点问题,展开讨论。例如,路边摊买的便宜勺子材质存在问题,不适合婴幼儿使用;之前买的勺子质量不好,一用就变形等。

2. 有没有促进粉丝成交的方法?

主播在带货过程中都想让粉丝购买更多产品,为自己带来更多收益。那么,是否存在一些促进粉丝成交的方法呢?在看一些头部主播直播过程中,不难发现一些促进成交的方法。

如用"太心动的感觉了吧,人间水蜜桃就是你"来形容口红的颜色;用"你不发工资也可以随便买"来说明产品价格便宜;用"银行卡的余额可以变,男朋友可以变,999 不能变"来说明口红不变色。除此之外,还有一些直播中常见的成交法则,如图 8-30 所示。

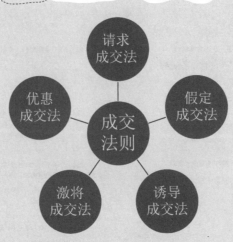

图 8-30 直播中常见的成交法则

> 请求成交法：也叫直接发问法，主动出击，即时成交。例如，"Oh my god，太美了吧，所有女生，买它就对了！"

> 假定成交法：建立在"一定会买"的肯定假设上，而不是问粉丝要不要买。例如，"家人们，这款有货，拍下马上发货""最后 50 件了，快抢，我相信你用了还会推荐给朋友的，绝对值！"

> 诱导成交法：发出行动指令，如"好漂亮，我的唇纹不见了，买它！"

> 激将成交法：指主播利用反暗示原理促使用户迅速成交的一种方法。例如，塑造一款连衣裙的价值，"我们的设计师反反复复修改了上百张画稿，又找了 10 多个工厂交流，最后才确定这款最适合小个子女生的裙子，你舍得错过吗？"

> 优惠成交法：利用求利心理，提供优惠条件吸引粉丝买单。例如，"这款扫地机器人，商场专柜的价格是 1099 元，"618"活动价也要 799 元，今天在我的直播间仅售 599 元，简直就是前所未有的价格。买到就是赚到。"

为了迎合不同消费者的需求，主播还可以根据不同类目，介绍不同的内容。例如，食品类的可以按照口味推荐，"喜欢吃辣的家人千万别错过这一款""饮食清淡的家人们拍另一个口味，真的，我妈妈都喜欢那个味道，特别适合口味清淡的人群"。

第 9 章
抖音卖货的实用功能

抖音电商运营者们最关心的问题，莫过于怎样在抖音平台上成功地将商品销售出去。要想在抖音平台上实现高效卖货，除了通过短视频引流外，还需要借助平台上一些实用的卖货功能，帮助自己进行商品营销管理，更好地实现电商变现。

本章将分别为大家介绍商品橱窗、抖音小店及抖音小程序 3 个实用的抖音卖货功能，以帮助抖音商家更好地进行商品管理，快速提升商品销量。

9.1 商品橱窗

商品橱窗是抖音平台为抖音商家提供的集中展示商品的地方，也是抖音电商运营需要重点把握的一个卖货功能。无论是通过短视频销售商品，还是通过直播销售商品，都需要从商品橱窗中添加商品。而且商品橱窗也是抖音购物车功能的重要组成部分。所以，在抖音平台上，要想实现流量的高效转化、提高账号的电商变现能力，就必须运营好商品橱窗。

9.1.1 认识商品橱窗

商品橱窗是抖音平台上用于展示和管理商品的重要功能，如果商家想要在抖音平台售卖商品，就必须开通商品橱窗功能。商品橱窗功能开通后，账号主页中会出现"商品橱窗"入口，如图 9-1 所示；点击进入后即可看到该账号的推荐商品，如图 9-2 所示。在"商品橱窗"界面，用户既可以查看商品的来源和详情，又可以直接下单购买商品。

商品橱窗也是抖音购物车的重要组成部分，开通商品橱窗功能后，就可以在短视频作品或直播间中加入商品链接了，即抖音购物车，如图 9-3 所示。

图 9-1 "商品橱窗"入口

图 9-2 "商品橱窗"界面

图 9-3 短视频作品和直播间中的购物车

第 9 章　抖音卖货的实用功能

如果用户对短视频作品或直播间中推荐的商品感兴趣，就可以直接点击"购物车"按钮跳转至商品购买页面进行购买。用户也可以通过点击"购物车"按钮，进入"商品橱窗"界面或抖音小店，挑选其他商品。

9.1.2　开通商品橱窗

开通商品橱窗功能的方法有两个：一是开通抖音小店（抖店），二是开通"商品分享权限"。开通商品橱窗功能，必须先开通"商品分享权限"，只有开通"商品分享权限"后，运营者才可以在短视频作品、直播间和账号主页中分享商品。

这里建议符合抖音小店入驻条件的商家直接开通抖音小店，因为完成抖音小店入驻流程后，系统会自动为其开通"商品分享权限"。如果不符合抖音小店入驻条件，但仍想在抖音平台上分享商品的商家，可以先开通"商品分享权限"，在视频或直播间中添加并分享其他账号抖音小店的商品或第三方电商平台的商品。本书第 1 章中已经详细介绍了抖音小店的入驻要求和开店流程，这里主要为大家讲解如何开通"商品分享权限"。

商家通过抖音平台的"创作者服务中心"，即可开通"商品橱窗功能"和"商品分享权限"，具体的操作步骤如下。

第 1 步：打开抖音 App，点击账号主页中"▤"按钮，在弹出的菜单中点击"创作者服务中心"选项，如图 9-4 所示。

第 2 步：进入"创作者服务中心"界面，点击"变现能力"一栏中的"商品橱窗"选项，如图 9-5 所示。

第 3 步：进入"商品橱窗"设置界面，在"权限申请"一栏中选择"商品分享权限"选项，如图 9-6 所示。

第 4 步：进入"商品分享功能申请"界面，根据提示完成实名认证，并缴纳保证金，满足申请要求后，点击"立即申请"按钮，等待系统审核通过即可，如图 9-7 所示。

申请"商品分享权限"必须符合一定的申请要求，目前而言，设置"商品分享权限"的商家必须通过实名认证，且个人主页视频数（公开且审核通过）≥ 10 条、账号粉丝数量（绑定第三方粉丝量不计数）≥ 1000 人。具体的申请规则可能会发生变化，商家申请"商品分享权限"时根据提示操作即可。

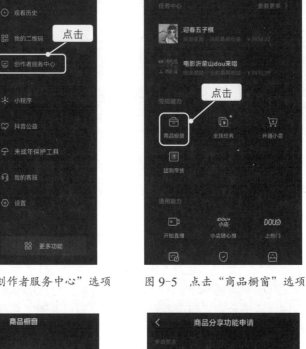

图 9-4 点击"创作者服务中心"选项　　图 9-5 点击"商品橱窗"选项

图 9-6 选择"商品分享权限"选项　　图 9-7 "商品分享功能申请"界面

9.1.3 商品橱窗的禁售类目

为打造良好的商品分享环境，规范抖音用户的商品分享行为，抖音平台根据国家相关法律法规发布了《抖音平台禁止分享商品目录》。抖音平台禁止分享的商品主要分为 13 个类目，具体见表 9-1。

表 9-1 抖音平台禁止分享商品目录

禁止分享商品目录	举例
仿真枪、军警用品、危险武器类	枪支、弹药、军火；可致使他人暂时失去反抗能力，对他人身体造成重大伤害的管制器具；安防、警用、军用制服、标志设备及制品等
易燃易爆、有毒化学品、毒品类	易燃易爆物品、毒品、制毒原料、危险化学品、毒品吸食工具及配件等
反动等破坏性信息类	含有反动、破坏国家统一、破坏主权及领土完整、破坏社会稳定，涉及国家机密、扰乱社会秩序，宣扬邪教迷信，宣扬宗教、种族歧视等信息
色情低俗、催情用品类	含有色情淫秽内容的音像制品及视频、色情陪聊服务、成人网站论坛的账号等
涉及人身安全、隐私类	如用于监听、窃取隐私、泄露个人私密资料、手机监听器或机密的软件及设备等
药品、医疗器械、保健品类	一、二、三类医疗器械；OTC 药品及处方药；保健品；医疗服务等
非法服务、票证类	伪造变造国家机关或特定机构颁发的文件、证书、公章、防伪标签等
动植物、动植物器官及动物捕杀工具类	人体器官、遗体；国家保护野生动植物等
涉及盗取等非法所得及非法用途软件、工具或设备类	走私、盗窃、抢劫等非法所得；赌博用具、考试作弊工具、汽车跑表器材等非法用途工具
未经允许、违反国家行政法规或不适合交易的商品	伪造变造的货币及印制设备；正在流通的人民币及仿制人民币等
虚拟类	比特币、莱特币、高利贷、私人贷款、贷款推广等互联网虚拟币及相关商品等

续表

禁止分享商品目录	举例
舆情重点监控类	近期媒体曝光的商品；经权威质检部门或生产商认定、公布或召回的商品，国家明令淘汰或停止销售的商品，过期、失效变质的商品等
不符合平台风格的商品	分销、招代理、招商加盟、店铺买卖；国内/海外投资房产、炒房；高仿类；殡葬用品、用具、存放、投资等

抖音平台为了更好地规范抖音用户的商品分享行为，会针对违规分享、销售上述禁止类目商品的抖音电商运营者作出相应的处罚。一旦发现违规分享、销售商品的行为，轻则关闭违规商品的购物车功能，重则永久关闭对应账号的橱窗分享功能。因此，抖音电商运营者在为商品橱窗添加商品时，千万不能铤而走险，添加违规商品。

9.1.4 管理商品橱窗的商品

商品橱窗功能开通后，抖音电商运营者就可以开始对橱窗里的商品进行管理和调整了。橱窗商品的管理主要包括添加商品和删除商品两项基本操作。

1. 添加商品

商品橱窗功能开通后，抖音电商运营者需要在10天内完成商品添加任务，15天内发布两个与商品相关的视频，否则该账号的商品橱窗相关权限就会被收回。那么，如何在商品橱窗中添加商品呢？具体的操作步骤如下。

第1步：打开抖音App，在账号主页点击"商品橱窗"按钮，进入"商品橱窗"界面，如图9-8所示。

第2步：在"商品橱窗"界面中点击"选品广场"按钮，如图9-9所示。

第3步：进入"选品广场"界面，在该界面中可以通过"搜索商品"和"商品链接添加"两种方式添加商品，如图9-10所示。

第4步：这里以"搜索商品"方式为例，在搜索栏中输入商品名称（如保温杯），搜索相关商品。跳转至搜索结果界面，点击对应商品旁边的"加橱窗"按钮，即可将商品添加至商品橱窗，如图9-11所示。

第 9 章　抖音卖货的实用功能

图 9-8　点击"商品橱窗"按钮

图 9-9　"商品橱窗"界面

图 9-10　"选品广场"界面

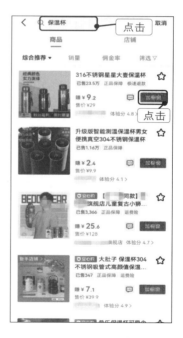

图 9-11　点击"加橱窗"按钮

第 5 步：返回"商品橱窗"界面，点击"橱窗管理"按钮，如图 9-12 所示。

第 6 步：进入"橱窗管理"界面，点击商品后面的"编辑" 按钮，如图 9-13 所示。

第 7 步：进入"编辑商品"界面，在该界面中编辑商品的相关信息，信息编辑完成后点击"确认"按钮即可，如图 9-14 所示。

图 9-12 "商品橱窗"界面　　图 9-13 "橱窗管理"界面　　图 9-14 "编辑商品"界面

2. 删除商品

当商品橱窗里的商品没货了，或者某些商品不再适合销售了，这时抖音电商运营者就需要对商品橱窗里的商品进行删除操作，具体的操作步骤如下。

第 1 步：进入"商品橱窗"界面，点击"橱窗管理"按钮，如图 9-15 所示。

第 2 步：进入"橱窗管理"界面，点击界面右上角的"管理"按钮，如图 9-16 所示。

第 3 步：勾选需要删除的商品，点击界面右下角的"删除"按钮，如图 9-17 所示。

第 4 步：弹出"移除商品"对话框，点击"确定"按钮，即可删除该商品，如图 9-18 所示。

第 9 章 抖音卖货的实用功能

图 9-15 "商品橱窗"界面

图 9-16 "橱窗管理"界面

图 9-17 点击"删除"按钮

图 9-18 点击"确定"按钮

> **提示** 同时勾选多个商品,再点击"删除"按钮,可批量删除商品。

9.2 抖音小店运营

抖音小店是抖音平台布局电商领域的重要版块，抖音商家可以利用抖音小店搭建自己的抖音电商销售平台，从而更好地实现内容变现。开通抖音小店后，抖音商家可以将抖音小店的商品添加至短视频和直播中，抖音用户只需点击对应的商品链接，便可直接在抖音平台中购买商品。抖音小店的入驻要求和开店流程在本书第 1 章中已经详细介绍了，这里主要为大家介绍抖音小店的运营。

9.2.1 加入精选联盟

精选联盟是抖音电商版块连接商家与推广者的平台，旨在为商家和带货达人提供合作机会，帮助商家进行商品推广，帮助带货达人赚取佣金。

抖音小店商家可以在精选联盟平台添加需要推广的商品，并设置佣金；而带货达人在线选择推广商品，制作商品分享视频，产生订单后，平台会按期给达人结算佣金。

商家可通过抖店后台自主入驻精选联盟，不过入驻之前，商家需要满足以下两个条件。

➢ 商家店铺体验分≥ 4 分。

➢ 关闭精选联盟权限次数＜ 3 次。

商家开通精选联盟的方法很简单：商家符合入驻条件后，只需进入抖店后台，依次点击"营销中心"→"精选联盟"→"开通联盟"选项，点击"开通精选联盟权限"页面的"立即开通"按钮，即可开通精选联盟，如图 9-19 所示。

抖音平台会每天校验商家体验分，如图 9-20 所示。如果商家体验分小于 3.8 分，将收到平台发送的警告通知。商家收到警告通知后，应及时调整运营策略，避免被关闭精选联盟使用权限。如果商家体验分小于 3.5 分或触犯精选联盟平台管理规则，达到清退标准或终止合作的，平台将关闭商家精选联盟使用权限。被关闭精选联盟使用权限的商家，已通过短视频或直播推广的商品也会被解绑。

◆ 第 9 章 抖音卖货的实用功能

图 9-19 开通精选联盟

图 9-20 商家体验分

> **提示** 每个商家仅有 3 次开通精选联盟的机会，如果被平台关闭了 3 次精选联盟使用权限，该商家将永久不可申请开通精选联盟。所以，商家如果想要利用精选联盟平台推广商品，一定要严格遵守抖音小店规则及精选联盟平台的管理规则。

9.2.2 寻找电商达人合作

抖音账号运营者在抖音平台开通了电商功能后，便可以获得抖音电商达人的称号。抖音平台会根据每个抖音账号的运营情况，对账号进行电商达人的分级，并规定对应的权限。抖音电商达人分级与对应的权限见表9-2。

表9-2 抖音电商达人分级与对应的权限

电商达人级别	对应权限
一级电商达人	商品橱窗功能
二级电商达人	商品橱窗功能 个人主页视频置顶 视频电商功能——为视频添加商品，即视频作品中会显示购物车链接 PC管理后台登录权限
三级电商达人	商品橱窗功能 个人主页视频置顶 视频电商功能——为视频添加商品，即视频作品中会显示购物车链接 直播电商功能——直播间添加商品并售卖，即直播中会显示购物车链接 PC管理后台登录权限

从某种意义上来说，抖音账号获得的收益与抖音电商达人的等级密切相关。抖音电商达人的等级越高，可以获得的电商权限就越多，这样一来，该抖音账号的电商运营就会更便利，其变现效果也会更好一些。

9.2.3 参加平台活动

开通抖音小店后，抖音电商运营者可以通过一些平台活动，提升账号和视频的曝光率，获取平台的流量扶持，进而拉动小店商品的销售，增加商品的购买量。

抖音平台经常会组织一些官方活动，这些活动的用户参与度很高，互动性也很强，不仅能为抖音小店带来大量流量，而且能为用户带来不同的体验，从而形成裂变传播。抖音平台推出的部分官方活动，如图9-21所示。

要想快速融入平台，获取平台的流量，为自己小店里的商品争取更多的曝光机会，抖音电商运营者需要多参与平台发起的活动，尤其是平台发起的电商活动。抖音电商运营者通过"抖音电商学习中心"可以获取最新的抖音电商活动信息，如图9-22所示；点击某一活动信息，还可以查看活动的具体玩法，如图9-23所示。

第9章 抖音卖货的实用功能

图 9-21 抖音平台推出的官方活动

图 9-22 抖音电商活动信息　　图 9-23 查看抖音电商活动的具体玩法

9.3 抖音小程序

抖音小程序是抖音平台的重要功能之一，也是抖音短视频延伸变现的重要工具。对于抖音电商运营者来说，商品的销售渠道越多，商品的销量越有保障。而抖音小程序的出现，就是在为抖音电商运营者增加商品的销售渠道。

9.3.1 认识抖音小程序

抖音小程序与微信小程序相同，具备了 App 的一些基本功能，用户无须另行下载，直接在抖音平台上点击进入小程序界面即可使用。抖音电商运营者可以利用抖音小程序直接销售商品，抖音用户进入对应小程序后，选择需要购买的商品，并支付相应的金额，便可以完成下单。

例如，某电影宣传类短视频作品中，显示有一个小程序链接，如图 9-24 所示；点击该小程序链接即可跳转至对应的小程序中，用户通过该小程序就能直接购买电影票，如图 9-25 所示。

图 9-24　短视频作品中的小程序链接　　图 9-25　某电影小程序界面

除此之外，抖音用户还可以分享抖音小程序，让更多的人发现该小程序，更好地实现内容与服务的连接。用户在抖音小程序中点击界面右上方的"···"按钮，然后在弹出的页面中点击"分享"按钮，即可分享该小程序，如图9-26所示。

9.3.2 抖音小程序的主要入口

抖音小程序能为抖音用户提供更好的购物体验，抖音平台对抖音小程序的运营也非常重视，为抖音小程序提供了5个主要入口。

1. 视频播放界面

抖音电商运营者可以直接在视频播放界面中插入抖音小程序链接，抖音用户点击该链接后，即可进入对应的抖音小程序，如图9-27所示。

图 9-26　分享抖音小程序

2. 视频评价界面

除了在视频播放界面插入抖音小程序链接外，抖音电商运营者还可以在短视频作品的评论区插入抖音小程序链接。如图9-28所示，链接主要位于短视频作品的评论区的上方位置。

3. 账号主页界面

在抖音账号的主页也可以插入抖音小程序链接。例如，某企业的抖音官方账号，主页显示了该品牌的抖音小程序链接，用户点击该链接，就会进入对应的抖音小程序，如图9-29所示。

4. 综合搜索界面

在抖音平台的搜索界面也可以找到抖音小程序的入口。例如，搜索关键词"小米有品"，即可在该关键词的综合搜索界面找到"小米有品"抖音小程序，如图9-30所示。

图 9-27　视频播放界面中的抖音小程序入口　　图 9-28　视频评价界面中的抖音小程序入口

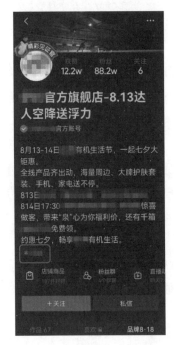 

图 9-29　账号主页界面中的抖音小程序入口　　图 9-30　综合搜索界面中的抖音小程序入口

5. 最近使用的小程序

如果抖音用户近期使用过某个小程序，该小程序就会出现在"最近使用"的小程序列表中。具体的入口：点击账号主页中的"☰"按钮，在弹出的菜单中点击"小程序"选项，进入抖音小程序管理界面，即可看到近期使用过的小程序，如图9-31所示。另外，在抖音小程序管理界面还可以通过搜索方式查找抖音小程序，或者通过"我的收藏"和"热门推荐"查找抖音小程序。

图9-31　通过小程序管理界面查找抖音小程序

9.3.3　创建抖音小程序

抖音小程序能够很好地提升抖音用户购物的体验感，帮助抖音商家提升商品销量，所以对于抖音电商运营者来说，抖音小程序无疑是一条优质的营销渠道。那么应该如何创建抖音小程序呢？想要创建抖音小程序，首先需要获取字节跳动小程序开发者平台权限，具体的操作步骤如下。

第1步：打开"字节跳动小程序开发者平台"的官方网站，点击页面右上方的"快速登录"按钮，如图9-32所示。

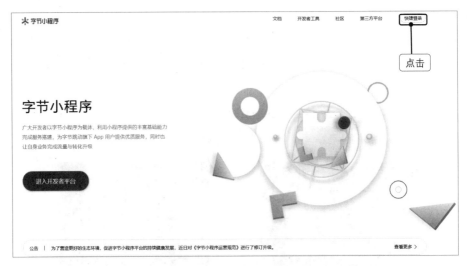

图 9-32 点击"快速登录"按钮

第 2 步:弹出"快捷登录"对话框,输入手机号和验证码,勾选"我已阅读并同意用户协议"选项框,点击"登录"按钮,如图 9-33 所示。

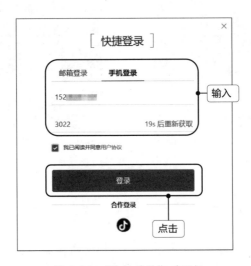

图 9-33 "快捷登录"对话框

第 3 步:弹出"设置用户名"对话框,输入开发者用户名,单击"确认"按钮,如图 9-34 所示。

◆第9章 抖音卖货的实用功能

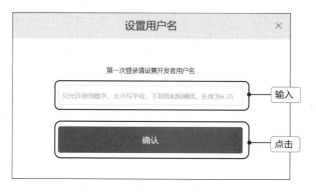

图9-34 "设置用户名"对话框

第4步：登录账号后，点击页面中的"进入开发者平台"按钮，如图9-35所示。

图9-35 点击"进入开发者平台"按钮

第5步：进入新页面，选择"创建小程序"选项，如图9-36所示。

图9-36 选择"创建小程序"选项

253

第6步：进入新页面，输入小程序名称，勾选"我已阅读并同意《小程序开发者平台服务协议》"选项框，点击"创建"按钮，即可成功创建抖音小程序，如图9-37所示。

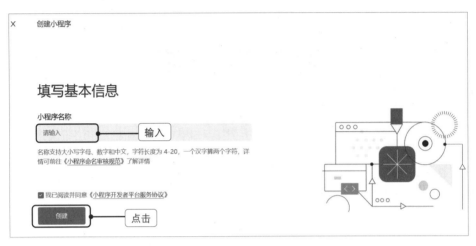

图9-37 成功创建抖音小程序

抖音小程序创建好后，抖音电商运营者接下来需要进一步对小程序进行主体认证、开发设计，最后发布上线，就可以启用小程序了。

9.4 答疑解惑

1. 如何在抖音的商品橱窗中添加其他平台的商品？

对于开通了商品橱窗功能的抖音电商运营者来说，不仅可以在橱窗中添加抖音小店的商品，还可以添加淘宝、京东、唯品会、苏宁易购等第三方电商平台的商品。特别是对于仅开通了商品分享权限但没有开通抖音小店的运营者来说，在商品橱窗中添加第三方电商平台的商品，能够为他们进行电商变现提供更多的选择。那么，如何在商品橱窗中添加其他平台的商品呢？抖音电商运营者主要通过商品链接添加其他电商平台的商品，具体的方法如下。

第1步：在"商品橱窗"界面中点击"选品广场"按钮，如图9-38所示。

第2步：点击"选品广场"界面右上方的"链接"按钮，如图9-39所示。

第3步：在搜索栏中粘贴商品链接，点击"查找"按钮，如图9-40所示。

找到对应商品后，点击商品旁边的"加橱窗"按钮，即可将商品添加至商品橱窗。

图9-38 "商品橱窗"界面

图9-39 点击"链接"按钮

图9-40 粘贴商品链接

需要注意的是，添加第三方电商平台的商品之前需要先绑定第三方电商平台PID，具体操作如下。

第1步：在"商品橱窗"界面中点击"账号绑定"按钮，如图9-41所示。

第2步：进入"账号绑定"界面，点击需要绑定的第三方电商平台PID，如图9-42所示。

第3步：进入新界面，输入第三方电商平台PID账号，点击"绑定"按钮，即可绑定该平台的PID账号，添加该平台的商品，如图9-43所示。

2.抖音小店和商品橱窗的区别

抖音小店和商品橱窗都是抖音电商运营者销售商品的主阵地，是十分重要的抖音电商版块。二者之间的区别主要体现在开通要求、具体性质及适用人群等方面，见表9-3。

  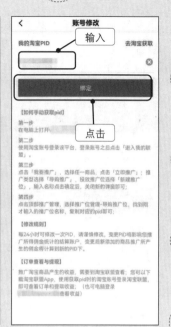

图 9-41 "商品橱窗"界面　　图 9-42 "账号绑定"界面　　图 9-43 点击"绑定"按钮

表 9-3　抖音小店和商品橱窗的主要区别

区别项目	抖音小店	商品橱窗
开通要求	不需要粉丝基础，不过要提前准备好相关营业执照、法定代表人或代理人身份证、银行账户信息、经营类目对应的行业资质及店铺名称和店铺 Logo 等材料	需要一定的粉丝基础方可开通，账号粉丝数量不能少于 1000 人，还要经过实名认证，公开且审核通过的视频至少有 10 条
具体性质	本质上是一种店铺形式	只是一个商品分享功能
适用人群	适合需要售卖自有商品，同时存在分享商品需求的抖音用户（抖音小店更适合有货源的抖音用户）	适合以分享商品为主的抖音用户（没有货源的抖音用户也可以通过商品橱窗分享商品）

第10章 短视频带货

商业变现是短视频创作者经营账号的原动力。短视频创作者应该熟悉常见的短视频变现方法,如平台变现、带货变现、广告变现、知识付费等,并掌握一些低门槛、高收益、高变现方法的重点内容。了解抖音短视频带货的步骤及选品、与商家的合作形式等要点知识,可以帮助短视频创作者在抖音平台中取得更多收益。

10.1 常见的短视频变现方法

大多数短视频博主长期发布短视频,是为了积累粉丝变现。即利用各种方法,吸引观看者购买产品、参与活动,让流量转化成销量,从而获得盈利。短视频中常见的变现方式多种多样,这里列举如图10-1所示的几种。

图10-1 短视频常见的变现方式

10.1.1 平台变现

平台变现是目前最直接、最常见的变现方式。几乎每个平台都有一些补贴政策,创作者只要在规定的平台发布原创视频,就能获得收益。

如图10-2所示,抖音平台为邀请更多企业账号入驻,推出了邀请企业用户赚现金的活动。抖音用户只需要按照要求邀请企业账号入驻抖音平台,即可获得36~304元的现金奖励。

抖音平台诸如此类的活动很多,短视频创作者只要根据活动要求执行,即可获得相应的流量奖励或现金奖励。这是最直接的平台变现方式之一。

10.1.2 带货变现

带货变现是最易上手的短视频变现方式。很多热门视频创作者都直接在短视频中挂产品链接或自建小店售卖产品。如图10-3所示,视频中挂有产品链接,观看者在看视频时可直接点按产品信息购买。

图 10-2 抖音某任务活动页面

图 10-3 抖音挂有产品链接的视频截图

视频创作者可在各大达人网站,如"巨量星图""阿里V任务"等,寻找商家合作。部分短视频平台接到合作任务后,会将任务下发给各个创作者。也有部分创作者积累了一定的人气后,会有电商卖家主动找上门寻求合作。

10.1.3 广告变现

广告变现是最高效的短视频变现方式。如图10-4所示,短视频中常见的广告形式主要包括品牌广告、植入广告、弹窗广告及冠名广告等。

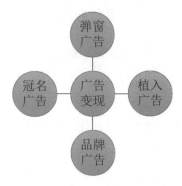

图 10-4 常见的广告变现形式

10.1.4 付费变现

短视频创作者在产出优质的视频内容后可以将内容变成服务或产品。不少短视频达人以直播、短视频的形式输出自己的专业知识，以吸引粉丝为知识付费。如图10-5所示，某视频以情感知识为主，吸引观看者点按情感课程。观看者点按课程详情页后，可看到该情感课程的主要内容及价格等，如图10-6所示。

图10-5 吸引观看者点按情感课程的视频内容　　图10-6 某情感课程的主要内容及价格

由此可见，短视频付费变现，就是结合短视频和知识付费，通过短视频的形式帮助用户解答问题，从而让知识得以变现。

当然，短视频变现不限于以上提及的几种，短视频创作者可在各个任务平台了解更多变现方法。变现方法各有优缺点，如平台变现可获得的金额可能比较小；付费变现的门槛可能比较高。因此，下面重点介绍门槛适中且变现快的两种变现方式，分别是带货变现和广告变现。

10.2 抖音短视频带货

直播带货系统的带货方式不仅限于直播这种方式，还有短视频带货。尽管部分直播平台由于定位的局限性，只有直播带货这一种带货方式，但从理论角度出发,直播带货系统应该是直播带货和短视频带货并存。这两种带货方式相辅相成,一旦应用好,可以为主播带来更高收益。短视频创作者应该了解短视频带货可行的原因及带货步骤,才能策划出利于产品转化的视频脚本。

10.2.1 短视频带货的优势

短视频变现的方式多种多样,那么为什么短视频可以带货呢?如图10-7所示,这里列举了几个短视频带货可行的原因。

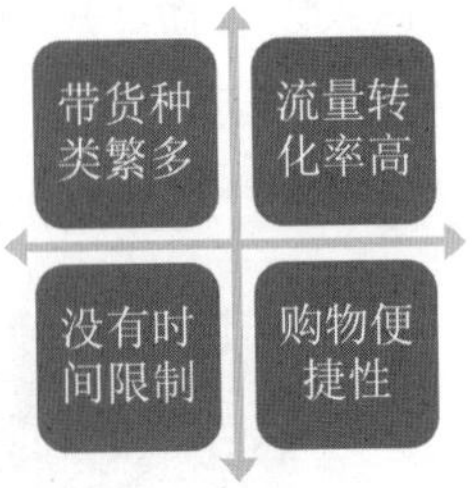

图10-7 短视频带货优点

1. 流量转化率高

抖音电商是一种兴趣电商,是基于人们对美好生活的向往,并满足用户潜在的购物需求,提升消费者生活品质的电商。兴趣电商非常注重转化率和复购率,对应的购物逻辑是激发消费者兴趣,从而提高消费者的下单意愿。而且,抖音作为短视频平台,日活用户数量达4亿人。在这种流量大、转化率高的背景下,只要短视频内容好,产品转化率会非常高。

以一款售价为9.9元的口罩为例,用蝉妈妈数据分析工具打开该产品的视频分析页面,如图10-8所示。从图中可见,该产品的佣金比例为50%,一些点赞量和评论量一般的视频内容,预估销售额并不低。

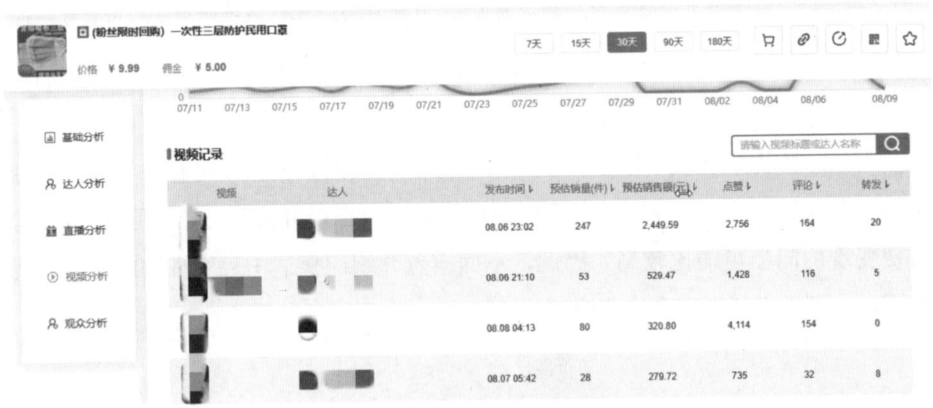

图10-8 某产品的视频分析页面

以第一位的达人数据为例,他发布的一条视频,点赞量为2756、评论量为164、转发量为20,销售额有2449.59元。按照50%的佣金计算,这条视频为他带来的收益为1224.8元。由此可见,这样一条各项数据都很一般的视频,由于转化率高，仍然能为创作者带来不错的收益。

2. 购物便捷性

短视频创作者可结合目标消费者的需求策划视频内容，当视频内容激发了消费者对产品的需求后，消费者可直接点按视频中的链接跳转产品详情页，进行收藏、加购、下单等操作。

如图10-9所示，某视频讲述了某品牌的电动牙刷对牙齿的诸多好处后，还提出以旧换新、领取优惠券等福利，吸引消费者对该产品感兴趣。消费者在了解该产品的功能、福利后，点按小黄车，可跳转至这一产品的淘宝网详情页，查看产品价格、销量、评论等信息，如图10-10所示。如果消费者在查看详情页后对该产品仍然有兴趣，可直接购买产品，完成交易。

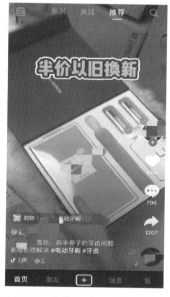

图10-9 某带有产品信息的视频

图10-10 由某视频小黄车跳转的产品详情页

正因为如此，短视频消费者下单速度快于购物App。既方便了消费者购物，又利于创作者售卖产品，获得变现。

3. 没有时间限制

直播对时效性的要求比较严格，优惠券有领取时间限制，录播视频的观看量不大。而短视频带货的时效性就稍微长一些，因为短视频留存时间长，旧视频还会因主播人气累积出现流量爆发、销量爆发的情况。

例如，消费者可在2021年8月9日看到某视频达人在2020年4月26日发布的旧带货视频,如图10-11所示。如果消费者对旧视频中提及的产品感兴趣,仍然可以点按视频链接跳转至产品详情页下单购买产品,如图10-12所示。

图10-11　旧带货视频　　　　图10-12　由旧视频跳转的产品信息页面

只要短视频创作者发布的视频一直有人看,一直有人下单,就可以一直获得佣金。换言之,带货视频可以一直"存活"在消费者的视线里,只要消费者喜欢,视频及产品信息就可以一直被传播。

4. 带货种类繁多

根据蝉妈妈的抖音热销榜显示,抖音平台热销的产品包括鲜花家纺、零食食品、美妆护理、生活电器、珠宝饰品等,如图10-13所示。

图10-13　蝉妈妈的抖音热销榜

由此可见,短视频带货种类繁多。视频创造者可结合账号垂直情况与消费者需求,选择适合自己的产品类目。与直播带货相比,短视频带货可根据不同产品类型，精心策划视频录制的环境、拍摄角度等，拍摄出更能体现产品卖点的视频内容。

10.2.2 短视频带货步骤

既然短视频有转化率高、没有时间限制等优点，那么创作者应该如何策划可以带来高收益的短视频呢？都说知己知彼，才能百战不殆。创作者在策划短视频内容前，应先了解短视频带货步骤。通常，短视频带货需要完成如图 10-14 所示的几个步骤。

1. 定位目标人群

俗话说"需求决定市场"，视频创作者想通过视频卖货，必须先了解消费者的画像，再根据他们的消费特点去策划视频内容，才能吸引对产品感兴趣的消费者。在抖音，消费者的画像大致可分为如图 10-15 所示的 3 种类型。

图 10-14　带货步骤

图 10-15　抖音消费者分类

不同消费者有不同的兴趣及购物喜好，表 10-1 列举了一些消费者的群体特征及购物喜好，便于创作者布局相应内容。

表 10-1　消费者的群体特征及购物喜好

消费者名称	消费者特点	消费者购物喜好
少女消费者	少女消费者的年龄一般在 18~25 岁，基本是刚出校园，既有父母的帮扶，又没有家庭的压力，在消费时少有顾虑，是典型的冲动型消费者	少女消费者平时喜欢一些快消品，如零食、小玩具、小家居等商品。这类消费者更换产品的频次较快，更注重产品价格，不太注重产品质量，面对这类消费者时，应实行低价走量的模式

续表

消费者名称	消费者特点	消费者购物喜好
宝妈消费者	已婚已育的宝妈的消费力仅次于少女消费者。宝妈消费者在家居、护肤品等方面的消费能力非常强,平时不仅要为自己购买一些必需品,还要给老公、孩子置办衣物等	与少女相比,宝妈就显得成熟一些,在消费时更为关注产品的实用性。常关注一些安全性高的玩具、日用品等。面对宝妈消费者时,需要考虑产品的实用性与安全性
男性消费者	男性消费者的消费思维偏理性,而且部分日用品会由伴侣购买,所以一般只购买刚需产品,很难冲动消费	男性消费者较为理性,想让他们购买商品,必须展现产品的功能、特点。以一款手机为例,必须通过视频说明该款手机与其他手机相比有哪些亮点,如果这些亮点确实迎合了他们的兴趣爱好,才能刺激其转化

综上所述,短视频创作者想通过短视频卖货,必须先分析这些产品的目标消费者是谁,以及他们的兴趣爱好及购物特点。只有精心分析消费者后,再策划对其胃口的视频内容,才能获得高转化。

例如,某面向少女消费者的发夹,采用真人实拍,加入"元气""少女""网红"等关键词,吸引了众多甜美、可爱女孩的点赞、互动,如图10-16所示。点按视频中的小黄车,可以看到该产品价格不贵,销量已过5.3万,如图10-17所示。

图10-16 面向少女消费者的视频

图10-17 产品详情页

因此，短视频创作者应该先定位产品的目标人群，并结合人群的特点策划视频内容，才能生产出更受消费者喜欢的内容，让视频获得好数据的同时，也提高创作者的卖货收入。

2. 体现产品价值

营销不是简单地降低产品价格，而是要展现更多产品价值去吸引消费者。因为在电商市场中，价格并不是决定产品销量的唯一因素，部分产品价格低廉，但销量往往也并不可观。其根本原因就是消费者不认可产品，即使价格再低也不会产生购买行为。因此，短视频带货，必须展现产品价值。

建议短视频创作者从消费者角度出发，在伴有引导性的同时吸引客户、转化客户。例如，DR钻戒定位于"男士一生只能定制一枚DR"。某视频创作者用视频记录下自己求婚的过程，而他用于求婚的钻戒正是DR钻戒，如图10-18所示。该视频内容在表达他对女友坚贞不渝爱情的同时，也传递了DR的精神价值：一生只爱一人。正是这种精神价值吸引了有步

图 10-18　传递产品价值的视频

入婚姻殿堂想法的情侣们，他们购买钻戒时，首先就会想到DR钻戒。因此，该视频传递了产品价值，视频创作者可能会得到厂家支付的佣金。

3. 构建消费场景

策划短视频内容时不能忽略消费场景。通常，消费场景可分为有目的的场景和随机场景。例如，消费者在淘宝、拼多多等电商平台输入产品关键词搜索产品，就属于有目的的消费场景，有需求才有转化；而在抖音、小红书等平台，消费者看到感兴趣的内容时去了解产品，就属于随机消费场景。

短视频创作者需要做的就是多分析目标消费者的兴趣爱好，并为其构建消费场景。例如，某大部分粉丝为30岁以下青年的美妆号，其中某个视频用多个特写镜头，讲述男生约会前的准备，如图10-19所示。视频主要内容是一个男生准备

沐浴及沐浴过程，视频中出现的洗发露就是创作者想销售的产品。

如图中所见，男生为了见女朋友，把自己洗得香喷喷的，其间还说了一句台词"是女朋友喜欢的味道"，构建出一个男女约会的细分场景。对于消费者来说，想买的不是洗发露，而是女朋友喜欢的味道。

视频创作者在写视频脚本时需要走进消费者的生活场景，再模拟这些场景，从中发现痛点，进而设计产品、服务的专用体验场景。

4. 打消消费者疑虑

如果消费者对一个产品产生了很大的兴趣，往往只需要临门一脚的保障信息就能促成订单。这也是多个电商平台都有相应的风险承诺的原因。如淘宝常见的七天无理由退换、拼多多的极速退等服务。产品加入这些服务，容易给消费者传递一个信息：只要对产品感兴趣，只要有购买行为，不管什么原因退换货，风险都由卖家来承担。

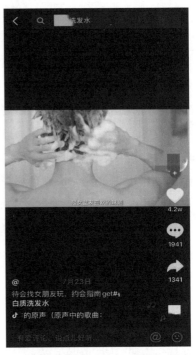

图 10-19　构建男女约会场景的视频

短视频带货也是同样的道理。短视频创作者如果在视频内容中体现产品价值并构建消费场景后，让消费者对产品有了很高的兴趣。此时，再展示一些有力证据或提及一些售后服务，便能打消消费者的购物疑虑，增强消费者下单的信心。

例如，某评测博主的某条视频在推广某美妆产品时，通过展示志愿者的试用结果证明这款保湿爽肤水确实有修复皮肤的功能，如图 10-20 所示。这比单纯地口述

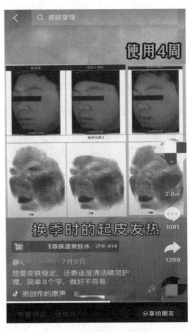

图 10-20　展示志愿者的试用结果

产品的卖点更具说服力,有皮肤敏感问题的消费者看到这条视频后,如果对产品感兴趣,可能会因为试用结果而坚定下单的决心。

视频创作者在策划视频脚本时,首先要考虑目标人群定位,其次是传递产品价值,接着构建消费场景,最后要考虑消费者可能有什么疑虑并且帮助他们打消疑虑,才可能促成订单。优秀的视频脚本不是凭空想象出来的,而是需要一套综合性的科学方法,既要能快速吸引目标消费者的注意,又要让其产生更多的交易行为。

10.3 短视频带货的重点

通过短视频带货确实是变现的好渠道,但是同类视频账号繁多,平台用户为什么选择在自家购物呢?只有为观看者提供他们更喜欢的视频内容,才能卖出更多产品,获得更多商家支付的费用。这里重点介绍短视频带货选品及与商家的合作形式,帮助短视频创作者了解选品及合作形式等重要内容。

10.3.1 短视频带货选品

对于一个抖音账号而言,无论是选择直播带货还是短视频带货,其选品方式都相同。即从账号属性出发,分析并找到目标粉丝感兴趣或有需求的产品。

实在不知道如何选品的短视频博主,可参考抖音平台热销产品。例如,打开并登录蝉妈妈网站,点击"商品"下面的"选品库"按钮,如图 10-21 所示。

图 10-21 点击"选品库"按钮

接着,系统自动跳转的页面会展示销量排名靠前的商品信息,如商品名称、图片、价格、佣金比例、浏览量、销量等重要数据,如图 10-22 所示。视频创作者可结合账号类型与商品类目、价格等信息,选择点击合适自己的商品后面的购物车按钮,将其添加至自己的商品橱窗。当消费者通过商品橱窗完成订单交易,商家会支付相应比例的佣金给视频创作者。

图 10-22　销量排名靠前的商品信息

虽说短视频带货的产品种类繁多，涉及鲜花家纺、零食食品、美妆护理、生活电器、珠宝饰品等多个类目，但视频创作者在带货之前，最好根据粉丝特征来选择，选品需要与目标粉丝有关联。例如，美妆类账号，最好选择美妆类产品。更多选品方面的内容，可参考第 8 章，这里不再赘述。

10.3.2　短视频带货与商家的合作形式

通过前面的内容，可以了解到部分短视频创作者带货的变现方式主要是通过视频内容或商品橱窗售卖出商品，然后获得商家支付的佣金。实际上，短视频带货与商家的合作形式不只佣金合作这一种，还有直播带货模式、定向合作模式等，见表 10-2。短视频创作者应该了解多种合作形式，然后结合实际情况选择收益较高的合作形式。

表 10-2　短视频带货与商家的合作形式

合作形式名称	费用结算
佣金合作模式	佣金合作，商家按照短视频达人的销售额比例给予一定的佣金。佣金合作应用范围较广，视频创作者可在诸如淘宝客、蝉妈妈等网站寻找这类以佣金计算为主的推广产品
直播带货模式	直播带货模式，商家对接主播确定合作，商家根据主播报价支付前置服务费及后置佣金，再确定开播日期及坑位费用等，最后才落实直播事宜
定向合作模式	商家在信息平台发布推广任务，达人在符合条件的前提下接单，并根据产品卖点与自己账号定位等信息，自己写脚本并拍摄视频，再将产品挂在视频或橱窗中，吸引观看者下单转化。通常，商家不仅要支付商品推广的佣金比例，还需要支付创作、拍摄短视频的费用

从表中内容可见，与佣金模式相比，定向合作模式还需要商家支付创作短视频费等的费用，创作者可得到的费用更高一些。相应地，这种合作形式的门槛和

要求也更高一些。对于新手视频创作者而言，可以从低门槛、低难度的佣金合作模式开始，当粉丝量及视频质量有所提升后，再考虑定向合作模式。

10.3.3 评测类账号带货案例

根据飞瓜数据显示，"老爸评测"这一评测类抖音账号的粉丝超过了2000万，最近30天的粉丝增量超过了20万，如图10-23所示。截至目前，商品橱窗共有212件商品，做到热卖商品品类 TOP 3 的成绩。

图 10-23 飞瓜数据"老爸评测"账号页面

作为一个评测账号，是如何在积累了2000多万粉丝的同时还做到带货数据也很高的呢？老爸评测的创始人魏文锋，是产品检测出身，先后曝光过问题包书皮、问题橡皮、问题塑胶跑道等多个具有潜在安全隐患的产品。在抖音账号中，魏文锋自称魏爸爸，真人出镜讲解本身就是一种信任背书，再加上通过专业的检测报告分析讲解，让很多观众都愿意相信他说的内容。

同时，"老爸评测"的视频内容不仅曝光问题产品，也分享一些安全可靠的产品评测，为便于观众购买，会给出购买渠道。视频内容分享安全可靠的产品评测，运营者也能通过卖货维持生计。

下面以一条老爸评测的带货视频为例，剖析他是如何用视频内容说服观众购买小黄车产品的。老爸评测某条以清洗空调为主题的短视频，点赞量约3.3万、评论数为1762条，如图10-24所示。看似该视频的观看量、互动量都很一般,但点按小黄车跳转至产品详情页,可见该产品销量已达 1 万多件,如图 10-25 所示。

图 10-24　老爸评测某条视频截图

图 10-25　某产品详情页

下面来剖析该条视频脚本,看该视频创作者如何一步步让观看者对产品感兴趣并且产生下单欲望。首先,视频用"自从我们家二宝出生以后呢,我每年都会清洗一两次空调。因为我知道,没洗的空调吹出来的风有多脏"这样的台词,来表明自己是二胎爸爸,并说明自己每年都会清洗空调,其原因是空调不洗会很脏,以此来吸引家里有空调却没洗过的观看者。

接下来,视频创作者通过空调清洗前后实验对比来说明清洗空调的重要性,其台词大致如下:"我带你去看一下,这台空调已经安装了 4 年了(展示脏空调特写镜头)。我们用培养皿和面包片采集了空调吹出来的风的菌落。3 天后,你看这个面包片已经发霉了。培养皿里的细菌和霉菌多到头皮发麻。怪不得空调吹起来很臭,而且还感觉老想打喷嚏。我们再看一下空调清洗之后吹出来的空气,你看这个面包片还挺干净的,培养皿里的细菌、霉菌也不多,吹出来的风比以前凉快多了。"

紧接着，视频创作者再构建出需要清洗空调的场景及清洗空调的方法，由此引出产品信息，大致台词如下："很多人家里的空调自从安装上去后就再也没洗过。如果你感觉你们家里空调吹出来的风很臭，老想打喷嚏或者是咳嗽，这就是要清洗空调的信号了。大家可以请人上门清洗空调，一次（费用）两三百元。也可以买两个空调清洗剂，自己动手清洗。很简单，打开空调盖子，取下滤网，喷到散热器上就可以了，效果好，还省钱。"

从台词可以看出，这是一个引出空调清洗问题又解决空调清洗问题的视频。在说明清洗空调必要性的同时，引出某款空调清洗剂不仅能洗干净空调，而且比找人上门清洗划算，突出该产品便宜、效果好等价值的同时，也构建了消费场景，刺激了不少观看者下单转化。

10.4 答疑解惑

1. 如何降低短视频带货退货率？

部分短视频账号的带货数据确实漂亮，如月销 5 万件、月销 10 万件，相当于一个电商店铺的销量。但是，退货率高达 50% 的商品也不在少数。特别是在部分商家根据最后成交订单来结算费用的情况下，如果退货率较高，那最后创作者的到手收入也寥寥无几。那么，如何降低短视频带货退货率，保证短视频创作者的收益呢？

首先，必须保证商品质量。对于实体商品而言，最能决定消费者购物体验的因素就是商品质量。消费者只有拿到满意的商品，才会愿意留下商品。这也是一直强调短视频创作者要提前验货、提前试用商品的原因。特别是一些外观看似没有差别的两件商品，细看其实有很多差异。例如，消费者通过短视频看到的橙子水分充足、个头硕大，但实际收到的橙子不仅个头小，味道也很酸涩，那自然会产生退货行为。所以，商品质量十分重要，需要保证消费者收到的商品与视频宣传的一样，且能让大部分消费者对商品满意。

其次，对于实体商品而言，物流也是影响退货率的关键因素。很多时候消费者选择退货退款的原因就是物流出现了问题，从而导致购物体验很差。虽然物流环节具有很大的不可控性，但商家至少可以在商品的包装上下一些功夫，将商品包装做得更细致一些，减少运输途中可能对商品造成损坏的概率，让消费者在收到商品时能有一个好心情，这样就会降低直播间商品的退货率。

最后，售后服务也是影响退货的重要因素。当消费者通过视频或橱窗购买商品后，因为不满意商品质量、物流等因素需要退货时，客服人员首先要保持一个良好的服务态度，及时回应消费者。客服需要耐心地询问消费者的退货理由，想办法让消费者保留商品，并对其进行一些福利引导，尽可能地减少退货订单的产生。如果实在无法挽回，也要尽量给消费者留下一个好的印象，方便他们二次回购。

2. 直播带货与短视频带货怎么选？

前面讲解了直播带货与短视频带货的内容，部分视频创作者难免会产生疑问：直播带货和短视频带货应该怎么选？实际上，直播带货与短视频带货可以并存，而且二者是相辅相成的。

部分账号通过短视频吸引粉丝关注后，短视频带货的收益较低，但直播带货的效果还不错；部分账号则是直播带货稍逊一筹，短视频带货的效果更好。因此，账号完全可以既有直播带货，又有短视频带货。而且，抖音平台对直播有一定的流量扶持，如果账号在发布新作品后的30分钟左右开直播，有利于提升账号权重，使系统将视频内容推送给更多抖音用户。

目前，在抖音中以"短视频+直播"的形式成功的案例数不胜数。例如，以女装商品为例，讲解一个短视频+直播的成功案例。抖音平台中的达人"大码胖佳佳"，就是短视频、直播同时运营，且标签非常垂直，以展示自己的真实身材和显瘦穿搭为主。飞瓜数据显示，该抖音账号截至目前已积累300多万粉丝，收获1000多万个赞，在带货播主榜/服饰内衣/日榜及行业榜/穿搭/日榜等都有中等偏上的排名，如图10-26所示。

图10-26　飞瓜数据"大码胖佳佳"账号页面

"大码胖佳佳"账号所带货品，基本以面向身材丰盈女孩的服饰为主。其视频内容也很简单直接，多在视频开头展示自己的丰满身材，随着换装镜头切换，胖姑娘摇身变美女，吸引多个有肥胖困扰的女性粉丝互动。一些爱美且身材丰满的女性，直接在视频中下单购买商品。

但由于视频能展现的信息有限，胖佳佳还通过直播对视频中提及的商品进行补充。在她直播带货时，经常把同一件衣服进行不同的搭配，来展示商品的多样性和实用性，也贴合了不同粉丝的喜好，如性感风格、可爱风格、成熟风格等。在价格方面，考虑到这个年龄段的女性可能较为追求性价比，所以她选的商品售价多在100元左右，尽量做到经济实惠。显然，胖佳佳抓住了胖女生的痛点，帮她们解决了如何穿衣显瘦的问题。

通过查看胖佳佳的数据概览页面，可发现她在2021年7月11日至2021年8月9日，共新增作品22个，直播7场，其中直播带货6场，直播销量9.1万件，直播销售额614万元，如图10-27所示。

图10-27 "大码胖佳佳"的数据概览

从这组数据中可见，虽然该账号在一定时间内粉丝增量有所减少，但也在通过直播不断涨粉且通过多场直播带货变现。通过"大码胖佳佳"的短视频+直播带货案例，可学习到通过发布短视频可以让更多用户通过视频内容了解账号。如果视频质量好，还能吸引用户转化为自己的粉丝。在积累一定的粉丝数后再开直播，有望增加直播间人气及直播间产品的销量，为账号带来更多收益。由此也说明了，直播+短视频带货可以并存，并且能取得不错的成绩。

第11章 广告变现

当创作者积累了一定的粉丝量和播放量后,可以通过官方广告平台或第三方广告平台对接广告来变现。视频创作者想在抖音平台变现,就需要先了解抖音短视频广告,如品牌广告、植入广告、弹窗广告等。此外,还需要了解对接广告主的广告平台,如星图平台的玩法、入驻流程、接广告流程等。

11.1 抖音短视频广告

与其他变现方式相比,广告变现的门槛稍高一些,平台和广告主会对创作者的粉丝量、播放量等方面有要求。但在收益方面,广告变现的收益也会比其他变现方式稍高一些。常见的抖音广告主要包括品牌广告、植入广告、弹窗广告及冠名广告等。

11.1.1 品牌广告

品牌广告是指以品牌为中心,为品牌量身定做的专属广告。这种广告常见于品牌商家账号,通常以视频的形式出现,制作要求较高,制作难度较大,所需费用也高。一些专业性较强的短视频账号会接这类广告。

例如,"直男财经"作为一个在抖音平台粉丝过千万的财经类账号,其作品里的内容既好玩又不失专业性,粉丝增长速度也很快。以一个薅商家羊毛为主题的短视频作品为例,视频先是揭开了网上流传的热门薅羊毛真相(如9.9买大牌、50充100元话费等都是虚假信息),再提及靠谱薅羊毛的方法(如办理会员卡),并且讲到了办会员卡的注意事项(如避免频次陷阱)、办会员卡的前提(长期高频率使用)及比较好的办卡选择(如加油站、便利店等)。为了验证便利店是较好的办卡选择,视频中的主角亲自到某全国连锁便利店,询问店员该会员卡的办理方法及可享受的福利优惠等信息,如图11-1所示。

图 11-1 介绍连锁便利店会员卡

这条看似是解惑薅商家羊毛真相的视频,实则是在给某连锁便利店会员卡做宣传。看完视频的观众可以了解到如何薅羊毛、如何合理办会员卡,以及办理某连锁便利店会员卡的条件及福利有哪些。如果刚好公司附近或自家楼下有该便利店,粉丝很可能受到视频内容的影响去办理会员卡。对于视频创作者而言,通过视频内容宣传了品牌信息,品牌方会根据实际情况向创作者支付一定的广告费用。

> **提示**　"薅羊毛",网络用词,指用户利用各种网络金融产品、红包推广活动及各类商家的优惠信息,获得优惠或金钱上的回报。例如,常见的领取外卖优惠券、打车券、减免优惠、送话费、送流量等活动。

11.1.2　植入广告

植入广告,指把产品及其服务具有代表性的视听内容融入短视频中,给观看者留下印象,以达到营销的目的。植入广告包括硬性植入和软性植入两种形式。

1. 硬性植入

硬性植入,指不添加修饰或较少修饰,将广告内容植入短视频中。例如,某情感类账号的某条以异地恋为主题的视频内容,如图 11-2 所示。通过异地的男生送女生玫瑰花,女生直言"玫瑰花凋零了你都不会回来",引出男生赠送女生的另一款礼物"某某香水",并用台词"玫瑰花会凋谢,但丝绒玫瑰的香味是永恒的,这款丝绒玫瑰与乌木香水采用某某和某某,香味甜美浓郁……就像我对你的爱一样,永不缺席。"视频末尾,男生回到女生身边,再次引出"香水的含义,永不凋谢的玫瑰,永不缺席的爱意,就是我要永远陪在你身边"。

观看者在被剧情感动之余,也可能对视频中多次出现的香水感兴趣,进而点按评论区有关香水的链接,跳转香水详情页购买产品。

2. 软性植入

软性植入指不露痕迹地将产品的广告信息融入短视频中,从而使观众在不经意间接受这些信息。

例如,某搞笑类的账号在发布某条视频时,以男女主角去影院看电影为主题,讲述两人在看电影过程中遇到的搞笑情节及一些令人感同身受的情感语录。而该条视频中出现了某饮料的一个镜头,女主给男主递水,说的台词是"这是 0 糖 0 脂 0 卡的某某气泡水,你这样的高血糖也能喝",引出接下来的剧情,如图 11-3 所示。

图 11-2 硬性植入香水广告视频截图　　图 11-3 软性植入广告视频截图

该条视频共获赞 19 多万个，好多人纷纷在评论区留言说搞笑又经典。观看者在开心之余，可以直接点按视频创作者放在评论区的置顶链接，购买视频中出现短暂镜头的气泡水。

与硬性广告相比，软性广告的渗透力更强、商业味道更淡、可信程度也更高，但设计难度也更大，需要很强的创意性。创作者可结合账号实际情况，选择植入广告类型。

11.1.3 弹窗广告

弹窗广告指出现在短视频中，悬挂在画面某处特定位置的 Logo 或一句话广告。弹窗广告有展现时间长、所占位置小、不影响观众视觉体验等优点。某短视频中的弹窗广告如图 11-4 所示。

由于弹窗广告形式十分直白，在短视频广告中应用得较少。

11.1.4 冠名广告

冠名广告是指企业为了提升企业形象、提高产品销量，以及打响品牌知名度而采取的一种阶段性宣传广告，常见于综艺节目。如在

图 11-4 短视频中的弹窗广告

各种综艺节目中，口播"大笑养肺，不笑浪费，宇宙养肺老字号某某"就是冠名广告。

随着电视广告费用的增长，以及短视频的兴起，很多商家把冠名广告投向了短视频市场。因此，短视频创作者们可以抓住机会，依靠冠名广告变现。例如，某餐饮类账号在某条视频作品中提到感谢某某（数码产品品牌）的赞助，然后用视频记录了品牌赠送他们某款音箱的过程及自己使用该款音箱的感受，如图 11-5 所示。不少粉丝在看完视频内容后，在评论区留言自己使用该品牌产品的感受，同时也吸引了对耳机、音箱等产品有需求的粉丝对该品牌产生兴趣，如图 11-6 所示。

 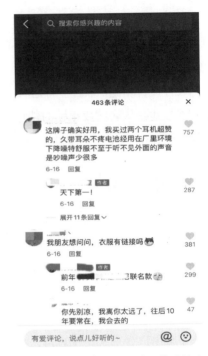

图 11-5 感谢品牌方赞助的视频内容　　图 11-6 粉丝在评论区对品牌的讨论

冠名广告可以让商家与视频创作者实现共赢。以上图为例,商家通过短视频中的冠名广告,可以提升品牌知名度,进而巩固老用户和吸引新用户;而视频创作者不仅可以得到商家的实物支持,通过视频内容售出商品后,还能获得广告费用。

11.2 星图平台

星图,全称"巨量星图",是头条官方的推广任务接单平台,主要为品牌主、MCN 公司及短视频创作者提供广告任务服务,并从中收取分成或附加费用。对于短视频创作者而言,可以在星图对接与品牌方的商务合作。短视频创作者应该了解星图平台并熟知入驻星图平台、接广告变现等操作方法。

> **提示**　MCN 公司,是帮助签约达人进行内容持续输出和变现的公司简称。

11.2.1 认识星图平台

星图作为抖音唯一的官方渠道,链接多个广告主与视频达人,帮助多个广告主投放广告,也帮助多个达人接广告。随着短视频与直播行业的迅猛发展,不少品牌方关注到了达人、主播的营销潜力,产生合作意愿。例如,大众汽车、泰国红牛等品牌,都多次与抖音达人合作,并取得了不错的效果。同时,很多达人积累了大量粉丝后,却不知如何与品牌方建立稳定的合作关系。

正是在这种背景下,星图做起了广告主与达人之间的连接器,在实现达人自我价值的同时,帮助品牌方做宣传营销。根据星图官方数据显示,截至目前,入驻星图平台的达人超过82万人、注册客户超过118万人,如图11-7所示。

图 11-7　星图官方数据

从星图的达人数、客户数、合作客户数等数据可以看出,星图具有达人数量多、广告行业广、视频内容广等优点。可以帮助各种类型的达人找到合适的广告主,达成营销合作。除此之外,星图平台还拥有如图11-8所示的优势。

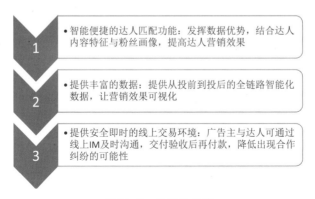

图 11-8　星图的优势

11.2.2 达人入驻星图平台

抖音短视频创作者想通过星图平台接广告，需要先入驻星图平台。目前，达人入驻星图平台的要求已经降低了。以入驻抖音平台为例，满足以下任一要求即可：

> 抖音账号在抖音平台粉丝量≥1000，且已经开通直播购物车权限；
> 抖音账号在抖音平台粉丝量≥1万，且内容健康、合法。

短视频创作者入驻星图平台的操作如下。

第1步：打开星图网址，点击首页中的"注册"按钮，如图11-9所示。

第2步：页面自动跳转选择身份页面，勾选阅读同意服务按钮后，点击身份（广告主选择"客户"，短视频创作者选择"达人/创作者"），如图11-10所示。

图11-9 点击"注册"按钮

第3步：页面自动跳转至选择媒体平台页面，点击"我是抖音达人"按钮，如图11-11所示。

图11-10 选择身份

图11-11 选择媒体平台

第 11 章　广告变现

第 4 步：页面自动跳转至新页面，输入手机号及验证码，然后点击"授权并登录"按钮，即可登录，如图 11-12 所示。

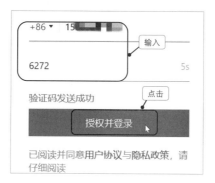

图 11-12　点击"授权并登录"按钮

> 提示　到这一步操作时，达人也可以通过抖音扫描二维码的方式登录账号。

完成以上操作后，系统自动跳转至欢迎页面，达人可自主设置账号信息。

11.2.3　达人接广告变现路径

达人在入驻星图平台后，即可通过接广告投放任务的方式获得收益。在星图平台中，达人可自主寻找广告主的合作计划或完善自己的出价信息，让广告主主动联系自己。这里以主动接广告（投稿任务）为例进行讲解。

投稿任务是一种一对多的任务模式，由广告主发起一个话题/任务，是多位达人都可参与的任务类型。视频创作者根据广告主的任务要求和奖励规则参与并制作视频进行投稿。具体操作步骤如下。

第 1 步：达人进入"任务大厅"的"我可投稿"页面，查看该账号可投稿的任务，如图 11-13 所示。对于感兴趣的任务，可点击"参与投稿"按钮。

第 2 步：系统自动跳转至任务详情页，可查看任务基本信息，如任务类型、任务名称、考核标准、奖金剩余百分比、结算规则等，点击"我要投稿"按钮确认参与任务，如图 11-14 所示。

第 3 步：弹出"接收任务"对话框，点击"确定"按钮，如图 11-15 所示。

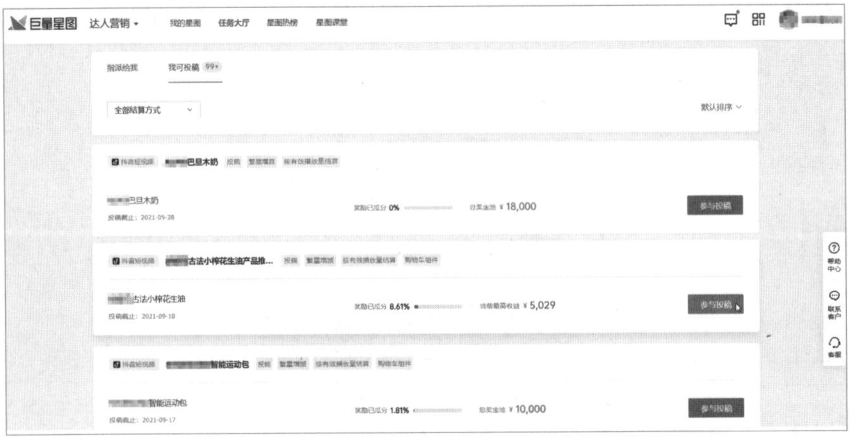

图 11-13 "我可投稿"页面

图 11-14 点击"我要投稿"按钮

图 11-15 "接收任务"对话框

第4步：接收任务后，达人需在规定的时间内上传视频，如超过规定时间，将不能参与任务。可点击右侧任务详情，查看具体的获奖规则和视频要求等任务信息，如图 11-16 所示。

图 11-16 任务详情页面

达人按规定上传视频后，可在此任务页面中查看审核结果。如果通过审核，视频会进入数据计算和瓜分奖励期间，页面会显示详细的数据和奖励；如果未通过审核，需要根据提示重新拍摄、上传视频，直至通过审核。

11.3 答疑解惑

1. 还有其他接广告的平台吗？

实际上，达人除了可以在星图平台接广告外，还有很多平台可以接广告，如表 11-1 中的腾讯创意定制、阿里 V 任务等。

表 11-1 接广告的平台

平台名称	介绍
腾讯创意定制	短视频创作达人可以入驻平台成为视频制作方，成为腾讯社交广告官方合作伙伴，为腾讯系广告主创作视频而获得广告费用
新片场快活平台	申请入驻平台，成为短视频制作方，系统会匹配创作水平和项目，从而获得相应的费用
阿里 V 任务	视频创作者开通创作者服务后，可以在平台接内容创作及推广服务，包括制作宝贝主图、视频等服务，赚取任务酬劳

续表

平台名称	介绍
淘宝卖家服务市场	视频创作者可以在服务市场与淘宝、天猫等商家合作，拍摄、制作短视频，获得商家给予的报酬
牛片网	牛片网是一个老品牌的短视频交易服务平台，提供短视频拍摄、企业宣传片制作、视频制作、后期制作等服务，视频创作者可入驻帮助商家完成视频方面的内容，获得商家支付的酬劳

由此可见，短视频创作者可接广告的渠道多而广，而且这些平台会实时发生变化。短视频创作者可多了解一些接广告平台，便于今后广告变现。

2. 粉丝量少的新账号去哪里接广告呢？

对于一些新账号，由于受到粉丝数量限制，无法入驻星图平台接广告。当短视频账号面临诸如此类情况时，是否就无法接广告了呢？实则不然，短视频创作者可在抖音平台的"全民任务"中接广告变现。具体操作步骤如下。

第1步：在自身账号的抖音主页中，点按右上方的■按钮，点按"创作者服务中心"按钮，如图11-17所示。

第2步：系统跳转创作者服务页面，点按"变现能力"下方的"全民任务"按钮，如图11-18所示。

图11-17　点按"创作者服务中心"按钮

图11-18　点按"全民任务"按钮

第3步：系统跳转至全民任务页面，查看各个任务，点按感兴趣的任务，如图 11-19 所示。

第4步：系统跳转至任务详情页面，查看任务奖励、任务玩法等内容后，点按"立即参与"按钮，如图 11-20 所示。

图 11-19　点按感兴趣的任务

图 11-20　点按"立即参与"按钮

与在星图平台接广告任务一样，在点按"立即参与"按钮后，根据要求拍摄并上传视频。当视频通过审核后，可在"我的任务"中查看各个任务带来的收益。

第12章
复盘：总结过去，积累经验

直播卖货与传统购物有很多不同之处，相较于传统购物，直播带货具有粉丝可控化和数据可视化等优点。主播可通过数据分析工具对每一场直播进行复盘，便于自己解决问题，也能积累更多经验，为自己的直播事业保驾护航。

12.1 为什么要复盘

任何一种营销方法都应有数据支撑，直播也不例外。如果主播只知道查看每日收入，而不分析具体数据，直播间是很难越来越好的。每个数据背后都有价值，部分数据直接披露了问题，主播只有找到这些问题并加以解决，才能减少类似问题的发生，让直播间处于正向、积极的运营状态。

12.1.1 复盘的作用

主播在运营直播的过程中，可通过复盘排除主观性错误，做出更正确的判断，以便解决直播问题，为自己带来更多收益。复盘对于一个直播间而言，主要的目的在于用数据帮助主播实现利润最大化，具体的价值表现在如图12-1所示的几个方面。

同时，通过复盘解决问题，有可能为直播间带来更多粉丝、更多转化，从而提高主播的整体收益。由此可见，复盘是一个主播不可或缺的一项工作。做好复盘工作，对直播间有着重要的积极作用。

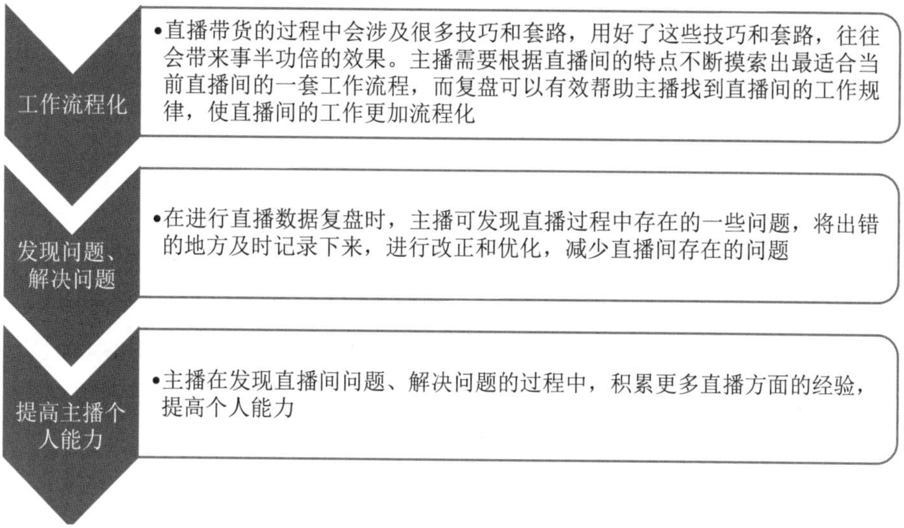

第 12 章 复盘：总结过去，积累经验

- **工作流程化**：直播带货的过程中会涉及很多技巧和套路，用好了这些技巧和套路，往往会带来事半功倍的效果。主播需要根据直播间的特点不断摸索出最适合当前直播间的一套工作流程，而复盘可以有效帮助主播找到直播间的工作规律，使直播间的工作更加流程化

- **发现问题、解决问题**：在进行直播数据复盘时，主播可发现直播过程中存在的一些问题，将出错的地方及时记录下来，进行改正和优化，减少直播间存在的问题

- **提高主播个人能力**：主播在发现直播间问题、解决问题的过程中，积累更多直播方面的经验，提高个人能力

图 12-1 复盘的作用

12.1.2 复盘的基本流程

复盘就是通过数据分析，为直播间找到问题根源，提升运营效果。主播在为直播间做复盘工作时，要先找到存在问题的数据，并知道如何解决这个问题，才能让直播间恢复健康的状态。

例如，很多直播间都遇到流量少、转化率低、销售额低等棘手的问题。遇到此类问题时，可以通过如图 12-2 所示的流程来解决问题。

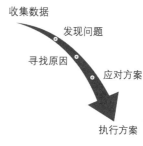

图 12-2 复盘的基本流程

以流量下降为例，其数据运营逻辑如下。

➢ 收集数据：收集一段时间的直播时长、直播次数、观看人数、观看时长、在线时长等数据。

➢ 发现问题：通过分析数据，发现存在的问题，如观看人数少。

➢ 寻找原因：发现问题后，就要找到导致这个问题（观看人数少）的原因，如直播时段没选好、直播封面图没有吸引力等。

➢ 应对方案：找到原因后，提出几个应对方案，如重新选择直播时段。

➢ 执行方案：在应对方案中找到最有效的方案去执行。

主播复完一次盘后，还需要再次收集数据，如果通过数据没有发现新问题，才能继续保持运营；如果问题没有得到解决或出现了新问题，应重复发现问题、解决问题等步骤，直至完全解决问题为止。

12.2 抖商复盘的重要数据

所有的复盘工作都应该建立在数据分析的基础上，做到用数据说话。抖商复盘也是一样，需要了解一些与复盘相关的重要数据指标并知悉查看数据指标的渠道。对于部分商家招聘主播来直播的情况，还应了解一些主播考核数据。

12.2.1 重要的数据指标

部分新手主播常根据直播观看量来判定直播效果，但仅凭这一项数据，很难说明问题。例如，有的直播虽然观看人数多，但这些人进进出出，没有赠送礼物也没有产生交易，甚至没有点赞、关注，他们对于直播间的价值微乎其微。那么，主播复盘的重点内容是哪些呢？

这里以直播为例，抖音主播应关注的数据包括但不限于直播时长、直播次数、观看人数、观看时长、在线时长、观看指数、粉丝回访、收藏率、加购率、转化率等。其中，部分重要数据解释见表12-1。

表12-1 直播重要数据解释

数据名称	解释
观看次数	当场直播被用户观看的总次数，用户只要点击进入直播间一次就算一次观看
人均观看时长	平均每个用户停留在直播间的总时长，其计算公式： 人均观看时长 = 直播观看人数的总停留时长 ÷ 直播观看人数
粉丝观看次数	当场直播被粉丝观看的次数，仅计算粉丝数据
转粉率	转粉率 = 当场直播新增加的粉丝数 ÷ 游客人数 例如，一场直播中有100个非粉丝观看，其中10人在观看本场直播时关注了直播间，那么转粉率就是10%
互动率	互动率 = 在当场直播中有评论、点赞等行为的人数 ÷ 直播间的总人数
粉丝回访率	粉丝回访率 = 当场直播粉丝观看的人数 ÷ 直播间粉丝总人数

续表

数据名称	解释
点击率（商品）	指通过点击直播间购物车进入商品页面的粉丝占总粉丝的概率，其计算公式：点击率＝通过点击直播间购物车进入商品页面的粉丝÷直播间总人数
转化率	指通过直播间进入店铺购买商品的人数除以直播间总人数。例如，当场直播总共1000人观看，其中共有10人在观看直播的过程中购买了商品，那么直播转化率为10÷100×100%=10%
人均观看量	人均观看量＝进入直播间的总人数÷当场直播的总人数
新UV占比	作为一个反映直播间拉新能力的重要数据指标，其计算公式：新UV占比＝新的访客÷直播总访客

12.2.2 如何查看数据指标

各个直播平台都会提供相应的数据指标。以抖音直播为例，在结束一场直播后，页面会自动跳转至数据页面，包括这场直播的直播时长、收获音浪、新增粉丝、观众人数等数据，如图12-3所示。

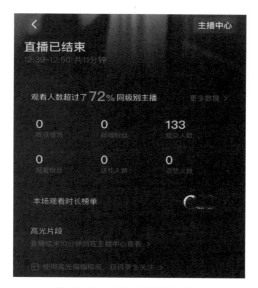

图12-3 抖音直播数据页面

如果主播想查看更多数据，可借助数据工具，如飞瓜数据。飞瓜数据是一款短视频及直播数据查询、运营及广告投放效果监控的专业工具，主播可借助飞瓜数据查询更多同行账号的运营数据。

　　这里以查看某热门主播的某场直播数据为例，登录并打开飞瓜数据网页，输入主播名称，即可看到该主播近期一些数据较好的直播间数据，如直播内容、播主信息、开播时间、预估销量、预估销售额等数据概览，如图 12-4 所示。如果想查看某场直播的更多信息，可点击某场直播后面的操作按钮。

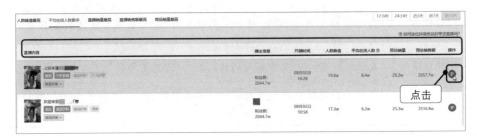

图 12-4　数据较好的直播间数据

　　系统自动跳转至该场直播数据页面，可查看数据概览、带货商品、观众画像、流量来源、观众互动等详细数据。图 12-5 所示为数据概览页面，可查看该场直播的观看人次/观看人数、人数峰值、平均在线、弹幕总数等人气数据及本场销售额、本场销量、客单价等带货数据。

图 12-5　直播间数据概览

　　如果主播想查看更多数据，下拉页面即可查看，这里就不一一展示了。无论在哪个平台直播的主播，都可及时收集、分析、对比数据，主动发现自己在直播中存在的问题，并及时改进。

12.2.3　主播数据考核

　　很多主播与商家合作，采取底薪＋提成的合作模式；而一些主播长期与商家合作，则采取月度底薪＋月度考核的方式。其考核的主要内容就是直播中的重要数据，以某服装类目商家对主播考核为例,讲解主播的主要考核薪资构成(60%),见表12-2。

表12-2 主播的主要考核薪资构成

考核指标	分数	评分依据及标准 (公式或规则)	考核标准	得分
互动率(H)	10	标准:10%	H > 10%	10
			H > 9%	9
			H > 8%	8
			H > 5%	5
			H > 3%	3
转粉率(C)	12	标准:10%	C > 10%	12
			C > 9.5%	11
			C > 9%	10
			C > 8%	8
			C > 7%	5
停留时长(T)	12	标准:20分钟	T > 20分钟	12
			T > 15分钟	11
			T > 10分钟	10
			T > 5分钟	8
			T > 1分钟	7
个人直播时的 观看量增长速度 (以小时计)(G)	10	标准:1000人/小时	G > 1000人/小时	10
			G > 900人/小时	9
			G > 800人/小时	8
			G > 500人/小时	5
			G > 300人/小时	3
客单价(J)	5	标准:1.2元	J > 1.2元	5
			J > 1.1元	4
			J > 0.8元	2

由此可见，主播长期与商家合作，转化率和成交金额都不是唯一的考核指标，商家也看中互动率、转化率、停留时长等数据。商家对主播的考核，除以上内容外，还包括主播对直播规则的了解、执行，对店铺商品的熟悉及直播时长等，例如，要准时开播、下播，不得迟到、早退等。

12.3 抖商复盘的主要内容

对于一个带货主播而言，最重要的数据莫过于销售额。但实际上，一个直播间的各项数据之间紧密相连，主播应该进行系统性分析。例如，一场直播如果销售额低，肯定还会存在流量少、互动率低等问题。所以，主播在复盘时，应该结合直播间带货商品、观众画像、流量来源、观众互动等数据进行分析，才能更准确地发现问题、解决问题。

12.3.1 带货商品分析

不同的粉丝群体对不同商品感兴趣，而不同的主播又有着不同的粉丝，所以各个主播擅长的带货类型也有差异，如罗永浩可能更适合数码产品。主播可以结合自己的直播数据，统计出更适合自己的商品。

例如，某女主播的某场直播数据显示，在某场直播中，预估销量最好的商品是护发膜、粉饼、洗衣液等适用人群广、售价低的产品，如图12-6所示。

商品			讲解时长	上架时间 下架时间	上架销量 下架销量	预估销量	预估销售额	转化率	操作
已售光 ¥4.9		【X】鳗丽雅润丝层修护发膜	00:02:11	16:49:43 17:52:40	2.9w 6.2w	3.6w	17.7w	38.46%	带货数据
¥6.9		日东豆乳虎酒粉饼 【买一送一】	00:00:54	17:05:08 20:04:24	1.5w 4.3w	3.4w	23.5w	38.00%	
¥9.9		2瓶系列洗衣液450g*6瓶实惠装持久留香-X	00:03:20	16:50:40 22:22:07	3.5w 5.6w	2.3w	23.0w	32.59%	

图12-6 某场直播数据（带货商品）

主播可点击操作下面的带货详情或产品详情，查看与该商品相关的更多信息。对于带货效果好的商品，可持续选择同类商品来提高商品销售额。

12.3.2 观众画像分析

对于抖音平台而言,观众画像分析是复盘的关键数据,因为带货的前提是满足观众的需求。例如,某场直播间的观众画像如图12-7所示,该场直播间的直播观众以 18~24 岁的观众为主,其中女性观众较多,且这些观众对教育、母婴的内容感兴趣。

图 12-7 某场直播间的观众画像

这些观众信息也对于选品具有重要意义,例如,上图显示直播间观众大部分是 18~24 岁的女性,那么服饰、护肤等以女性群体为主的商品就可以成为直播间的选品方向。为更进一步查看观众信息,主播可查看"观众购买偏好"信息,查看观众喜欢的品类名称、品类价格偏好等有利于选品及定价的信息,如图 12-8 所示。

图 12-8 中,大部分的观众对于价格区间为 20~50 元、50~100 元、100~300 元的女装感兴趣,那么在今后的选品时可重点关注符合这些价格区间的女装。

图 12-8　某场直播间的观众购买偏好信息

12.3.3　流量来源分析

流量是直播的基础，直播间的一切变现都建立在有人观看的前提下。对于抖音直播而言，流量分析是分析流量来源。通过分析观众来源比例、直播预热视频等，可得知观众比较喜欢的内容，从而有利于主播优化这部分内容。

图 12-9 所示为某场直播的观众来源比例图。从图中可见，该场直播的大部分观众都来源于其他渠道。

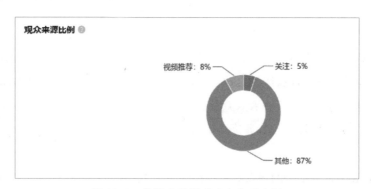

图 12-9　某场直播间的观众来源比例

抖音直播间观众主要来自视频推荐、关注、同城、其他 4 个渠道。

➢ 视频推荐：用户从"推荐页"进入直播间的，均计入"视频推荐"的流量来源，含付费推广。

> 同城：直播时开启"同城"显示，直播间会出现在"城市页面"，由同城页进入直播间，计入"同城渠道"。
> 关注：观众主要来自粉丝推荐和关注页面。
> 其他：观众主要来自直播广场推荐，或通过其他渠道进入直播间，包含付费投放、外部引流等多种方式。

尤其是视频推荐渠道，可通过发布优质的短视频内容来提高视频曝光率，进而提高进入直播间的流量。

12.3.4 观众互动分析

通过观众互动分析可以得知观众的购买倾向和主要需求。图 12-10 所示为某场直播的观众互动分析中的弹幕商品需求情况。

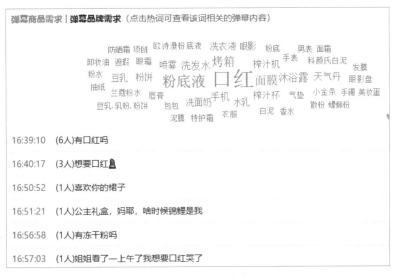

图 12-10 某场直播间的弹幕商品需求情况

从图中可见，不少观众通过弹幕表达了对口红、粉底液、面膜等产品的需求。那么，主播在下一场直播备货时可重点考虑这些产品。

12.3.5 直播复盘案例分析

对于带货直播而言，每一场直播都由若干名工作人员精心策划。只有让直播效果达到理想化，才不会辜负大家的努力。部分主播在复盘时，难免会遇到带货效果不理想的问题。遇到问题、解决问题，才能让直播间走得更远。

例如，在2019年，某4000多万粉丝的账号首次开播的成绩不太理想。数据显示，当场直播人数峰值仅为3088人，上架31件商品，总销售额仅有6.4万元，如图12-11所示。

图12-11 某抖音账号首次开播数据概览页面

作为有千万粉丝的账号，销售额以万计数的情况还是比较少见的。为什么会有如此惨淡的销售数据呢？究其原因，该账号所属机构多以美妆达人为主，在当场直播中推荐的商品也多以口红、洗发水为主。但实际上，该账号作为动漫自媒体，创作了很多当代年轻人对情感、成长的发问和趣事的视频作品，在粉丝心中树立了一个"暖心人"的形象。但这种形象与美妆的关联度极低，所以直播无法取得较好的转化效果。

直播变现的逻辑是从人到货，粉丝往往会因为信任一个账号，延伸到购买该账号推荐的商品。如果一个账号没有真人出镜，人设又不鲜明，易导致后续变现能力较弱。以直播带货变现为例，一个账号必须有符合定位的真人出镜，且这个真人与商品还要有较强的关联性。

由此可见，即使是头部大号，想做好直播带货，也要考虑账号人设与带货商品的匹配度。如果账号不垂直，人设也与商品没什么关联，很难成功变现。该账号如果想通过带货提高收益，还应结合目标观众特征及账号内容等情况，重新选品，才有可能提高商品点击率和转化率，提高变现收入。

12.4 答疑解惑

1. 有哪些抖音直播数据获取渠道？

抖音数据除了可在抖音平台及飞瓜数据网页中获取外，还有其他获取数据的渠道，如使用较为广泛的短鱼儿、蝉妈妈等。表12-3介绍了几个抖音直播数据获取渠道。

表12-3 抖音直播数据获取渠道

渠道名称	渠道简介
短鱼儿	曾用名"短大大"，是一家数据驱动的直播短视频生态链科技公司，因为其强大的创意库、精准的数据，被各类主播广泛应用。短鱼儿可用于数据分析、行业洞察，主播们常通过该渠道关注并查看一些同类热门主播数据
蝉妈妈	蝉妈妈是一款垂直于直播、短视频的数据分析服务平台，提供抖音主播、商品、直播、短视频等多维度数据分析服务。主播在投放付费推广前，可借助蝉妈妈分析投放情况、全网竞品等营销数据，帮助主播创建更为精准的推广计划
新抖	新抖是新榜旗下权威的抖音数据分析平台。新抖提供账号数据、直播数据、带货数据等数据，还提供主播带货排行、直播商品排行、直播热门小店等高参考性的数据内容
灰豚数据	灰豚数据是一款带货数据分析工具，提供抖音直播、淘宝直播等多个平台的直播数据，助力短视频直播带货

以上数据获取渠道排名不分先后，其功能可能实时变化，主播根据自身需求选择即可。另外，部分渠道还可提供热门视频、直播的素材，主播平时可重点关注热门内容，并适时应用于自己的直播中。

2. 抖音直播可以付费推广吗？

部分直播间在优化短视频及直播脚本等内容后，直播间依然流量平平，更谈不上带货。那么，是否可以通过付费模式，让直播间获得更多曝光呢？实际上是可以的，抖音平台支持付费推广短视频及直播间等内容。

以抖音热门推广工具"Dou+"为例，主播可在直播前或直播中新建推广计划。这里以在直播前新建推广计划为例，在开始直播前，点按"上热门"按钮，如图12-12所示。系统会自动跳转至"Dou+直播上热门"页面，选择下单金额、在意数据及加热方式等内容，点按"支付"按钮，如图12-13所示，即可完成推广计划的新建。

图 12-12　点按"上热门"按钮　　　　图 12-13　"Dou+ 直播上热门"页面

主播在投放 Dou+ 计划后,更要认真监测直播间人气、直播间涨粉等数据。因为部分直播间内容不够优质,即使投放 Dou+ 计划,也很难取得理想效果。那么,针对这种情况,则应该重点优化直播内容,不要盲目地投放推广计划。